Précis d'histoire
de la
littérature française

MARIE-MADELEINE FRAGONARD

Précis d'histoire

de la

littérature française

13ᵉ édition revue

La Collection Faire/Lire
est animée
par M.-P. Schmitt et A. Viala

Dans la même collection :

— Faire/Lire
— Savoir-Lire - Précis de lecture critique
— Le Cours de Français au lycée

Couverture de Lucien Moge

© Les Éditions Didier, Paris, 1981. Printed in France

ISSN 0290-294X   ISBN 2-278-03454-5

Pourquoi
ce Précis d'Histoire de la littérature?

Une histoire de la littérature française en 100 pages! N'est-ce pas une gageure? de la naïveté? Peut-être; et autre chose aussi.

Cet ouvrage se veut avant tout **pratique**. Il s'adresse à tous ceux qui désirent (ou que l'on invite à) s'informer des données essentielles de l'histoire de la littérature française: aux lycéens, aux étudiants du premier cycle, mais aussi à quiconque est curieux de lire pour se documenter ou pour prendre du plaisir.

La situation de l'histoire de la littérature, aujourd'hui, est ambiguë et embarrassée. Sa place dans les programmes scolaires est floue et, tandis que les travaux de recherche et d'interprétation abondent, le grand public ne retient guère qu'une petite galerie d'hommes illustres et quelques étiquettes (classique, romantique, surréaliste...), qu'on colle d'ailleurs un peu au hasard. Et vouloir rendre compte du phénomène littéraire et de son histoire en un faible volume, à travers un découpage de périodes, courants et tendances, cela paraîtra sans doute dérisoire aux spécialistes, et plus largement, aux lecteurs avertis. Comment, en si peu d'espace, inventorier des productions littéraires surabondantes (à l'époque contemporaine en particulier)? Comment apporter les nuances nécessaires? Comment faire percevoir l'enchevêtrement des sensibilités, des modes, des esthétiques? Il faudrait, à chaque fois que l'on décrit une tendance nouvelle, indiquer la permanence dans le même temps de courants contradictoires et les signes annonciateurs d'orientations futures. Plus grave encore: dans ce résumé prosaïque, il n'est pas possible d'analyser l'acte créateur des écrivains dans sa spécificité...

Tous ces scrupules sont les nôtres, et nous n'ignorons pas les limites de cet ouvrage. Mais il repose sur l'affirmation que **les textes littéraires appartiennent à tout le monde**; or, tout le monde n'est pas aujourd'hui en mesure de percevoir les significations, les enjeux, les attraits des faits culturels. Cela exige une information de base, et une maîtrise suffisante de la perspective historique; or l'une et l'autre sont à l'heure actuelle peu et mal diffusées. Un tel constat a dicté la décision de réaliser ce *Précis*, et orienté les choix pédagogiques qui y sont à l'œuvre.

Ceux qui ont déjà une connaissance poussée de cette matière contesteront la sécheresse et la platitude des exposés. Mais ceux qui attendent une information ordonnée et pratique, un moyen d'accès à l'univers de représentations symboliques qu'est la littérature, pourront trouver ici de quoi les aider dans leurs lectures.

Une histoire de la littérature française dans son intégralité

Les sens du mot «littérature» sont divers, souvent flous, et en tout cas varient selon les époques et les milieux. Ce *Précis* veut tenir compte de toutes ces acceptions. C'est pourquoi, tout en leur faisant largement place, il ne se limite pas aux seuls auteurs et textes consacrés de longue date. On y trouvera donc plusieurs chapitres ou paragraphes traitant de la littérature de colportage, de la chanson populaire, de la culture «de masse», etc., ainsi que des indications essentielles sur les littératures dites régionales. De même, nous nous inscrivons en faux contre l'habitude de tenir le Moyen Age pour un temps obscur, qu'on résume en quelques formules hâtives, contre la tendance actuelle à réduire la période du XVIe au XVIIIe siècles à la portion congrue. Ou encore contre le refus d'aborder les années immédiatement contemporaines, sous prétexte qu'elles sont trop proches pour appartenir à l'histoire : c'est pourtant bien le contexte présent qui oriente la façon dont on envisage les faits passés.

Rendre compte de tous les aspects de la littérature française amène, en retour, à se borner à elle. Si ce *Précis* ne traite pas des textes dits d' «expression française», ce n'est pas par chauvinisme hexagonal, mais parce que ces littératures exigent des approches spécifiques qui étudient leurs contextes propres; donc des ouvrages distincts. Les intégrer à ce livre-ci serait davantage sacrifier à une mode que respecter leur originalité.

Une histoire des faits littéraires

Pour aborder cette histoire complexe, le lecteur a d'abord besoin de discerner des tendances générales, des caractéristiques globales de chaque période ou courant, davantage que de détails sur quelques «grands auteurs» ou quelques chefs-d'œuvre. Ceux-ci ont bien souvent, certes, un rôle de modèle pour tout un temps — et nous les signalons alors comme tels. Mais de ce temps, il faut d'abord comprendre les traits essentiels. Ensuite, les lectures personnelles sont les seules vraies découvertes des textes et des auteurs. Et ces lectures, ce *Précis* ne vise pas à les remplacer; au contraire : il voudrait y inciter et y aider. Pas de notices biographiques ni de résumés d'œuvres, donc. Ni Panthéon, ni hit-parade.

Les noms et titres cités ont été retenus parce qu'ils illustrent des tendances fondamentales, ou parce qu'ils représentent des innovations qui ont joué par la suite un rôle de modèle ou de référence. Les indications données à leur sujet n'épuisent pas le sens des œuvres, pas plus qu'elles ne les résument : elles éclairent une problématique. Lorsque l'activité d'un écrivain se concentre dans un laps de temps assez nettement repérable, nous précisons à la suite de son nom les dates de ce moment de création majeure. L'index fournit les dates de naissance et décès. Pour plus d'informations, la bibliographie indique les instruments de travail.

Nous avons opté pour une démarche qui indique largement les contextes socio-culturels, et définit les écoles, courants et mouvements qui marquent le plus les diverses périodes. «Écoles», «mouvements» et «courants» correspondent à des communautés d'opinions, de goûts, d'esthétique, d'idées, assez nettes pour faire l'unité d'un groupe ou d'une période. Parfois, ce sont les auteurs concernés eux-mêmes qui se sont affirmés comme un mouvement et ont choisi une appellation (p. ex. les Surréalistes). Plus souvent, ce sont les historiens qui, discernant de leur point de vue une certaine unité entre divers auteurs, les ont regroupés sous un même nom, en un même courant. Ces regroupements a posteriori ont toujours une part d'arbitraire : le point de vue de l'historien n'est jamais neutre. De ces regroupements, nous avons conservé les dénominations usuelles, même lorsqu'elles sont contestables (presque toujours !) : l'important n'est pas d'inventer de nouveaux noms de baptême littéraires, mais de donner au lecteur le moyen de savoir ce que recouvrent les appellations passées dans l'usage. Pour indiquer les connotations idéologiques qui peuvent se rattacher à ces noms, nous précisons chaque fois que nécessaire la date et les circonstances du «baptême» des mouvements.

Une histoire périodisée

Ces faits, nous les présentons dans l'ordre chronologique. Il ne va plus de soi aujourd'hui que l'histoire exige une perspective chronologique avant tout : l'habitude de l'envisager à travers des thèmes plus ou moins généraux s'est largement répandue ; et le sens de la durée historique en pâtit. C'est pourtant bien leur inscription dans l'Histoire, dans le temps, qui donne leur sens aux faits, littéraires ou non.

Mais il n'existe pas d'évolution linéaire qui ferait progresser régulièrement la langue, les genres, les thèmes, vers un quelconque point de perfection. L'histoire se fait par à-coups, soubresauts et stagnations, à travers des héritages, mais aussi des ruptures et des conflits. D'où la nécessité de présenter une histoire périodisée. Or cette périodisation implique des choix : il n'y a pas de découpage tout fait de la durée historique. Même le découpage par siècles, en apparence commode et anodin (et bien ancré dans les usages, scolaires notamment) est lourd de contre-sens possibles. En ce domaine aussi, le point de vue de l'historien ne peut être neutre...

Pour notre part, nous avons distingué de grandes divisions correspondant à des ensembles historiques et socio-culturels (ch. 1, 7, 18, 25). A l'intérieur de ces cadres, on peut opérer des subdivisions qui rendent compte de la succession des écoles, mouvements ou courants. Cette succession n'a rien de mécanique. Il arrive que deux courants soient en concurrence à un même moment. Il arrive qu'un même auteur participe à deux tendances distinctes. Dans tous les cas, à tout moment de l'histoire, même si une esthétique domine, des traits antérieurs se prolongent, d'autres sont en germe. Nous indiquons donc pour chaque courant le temps de sa pleine expansion, avec des dates qui sont des points de repère aussi précis que possible, mais non des limites absolues. Et comme les chevauchements de dates et les auteurs relevant de plusieurs courants sont nombreux, le lecteur aura soin de ne pas consulter chaque chapitre isolément, mais de le rattacher à ceux qui l'environnent. L'utilisation efficace de ce *Précis* exige cet effort minimum.

Organisation pratique de l'ouvrage

On trouvera dans les pages qui suivent deux présentations différentes des chapitres :
— des *tableaux* (chap. 8, 10, 12, etc.), donnant une définition générale du mouvement étudié, une liste de titres significatifs, une série de rubriques d'information (condition sociale des écrivains, tendances esthétiques...);
— des *panoramas* (chap. 2, 3.., 13, 21,.. etc.), c'est-à-dire des exposés de facture plus traditionnelle.

Cette différence dans la présentation tient au fait qu'un tableau permet d'offrir une vue plus synthétique d'une école ou d'un mouvement dont les traits d'unité sont assez nets, tandis qu'un «panorama» se prête mieux à rendre compte de périodes ou de tendances aux caractères plus diffus. Mais dans l'un et l'autre cas, ce sont les mêmes perspectives d'observation qui sont mises en jeu. Nous avons tenu à inscrire les textes dans la réalité sociale, à envisager la condition des écrivains, les modes de diffusion des œuvres, les tendances idéologiques qu'ils manifestent. Nous avons tenu aussi à rattacher leur esthétique et les formes et thèmes qu'ils privilégient aux autres modes de pensée et d'expression artistique de leur temps (sans pour autant laisser croire qu'on trouverait ici une histoire de la musique, de la peinture, des idées, etc.).

Entre ces diverses rubriques, il n'y a pas toujours des liens de causalité directe. De même, un mouvement littéraire témoigne souvent d'aspirations contradictoires, et à l'intérieur de ses tendances communes, chaque auteur peut manifester des options personnelles. Pas d'exposé systématique donc; au contraire, un appel à l'observation critique du lecteur, qui confrontera les informations données ici et sa lecture personnelle des textes littéraires eux-mêmes.

Reste que tous ces chapitres sont courts, leur composition serrée, leur style dense. Loi du genre oblige : nous avons voulu un ouvrage bref, instrument de travail **pour des lectures personnelles et actives**. Il n'est pas un bilan clos : il vise à informer sans préjuger des réactions de chacun au contact des textes, pour inviter à aller plus loin. Lecteurs nous-mêmes, nous nous adressons à d'autres lecteurs; en rêvant d'en faire des liseurs.

Pourquoi pas ?

• LISTE DES ABRÉVIATIONS

Les titres d'œuvres cités, lorsque leur libellé ou le contexte ne précisent pas le genre dont relève le texte, sont accompagnés d'une abréviation précisant celui-ci :

a. = autobiographie
com. = comédie
c. = conte (c. ph. = conte philosophique)
d. = drame
h. = histoire
id. = textes d'idées (essai, pamphlets, littérature didactique...)
p. = poème
pp. = poème en prose
r. = roman
réc. = récit
th. = théâtre (pièces s'écartant des genres traditionnels)
t. = tragédie

• L'INDEX des noms d'écrivains français (en capitales dans le texte) et des principales notions se trouve en fin de volume.

1 Le Moyen Age : tendances générales

La période médiévale est fort longue et ne forme pas un ensemble homogène : du VIIIe au XVe s., les structures de la civilisation ont totalement changé. Nous maintiendrons cependant le nom traditionnel de Moyen Age. Ce nom correspond en effet à l'établissement, à l'expansion puis à la décadence des structures de la féodalité (v. p. 17), après une période de deux siècles d'anarchie (VIe et VIIe s.) due à l'écroulement de l'Empire romain d'Occident et aux diverses grandes invasions. Cela lui donne une véritable cohérence économique et politique ; quant à l'étude des faits littéraires, elle est confrontée ici à des données particulières qui se modifient peu au long de ces sept siècles. On peut retenir six caractéristiques principales :

- Il n'y a **pas de culture spécifique pour chaque nation,** dans la mesure ou la plupart des textes sont rédigés par des clercs (c.-à-d. les gens instruits, qui se confondent le plus souvent avec les ecclésiastiques), qui ont tous une même formation et écrivent surtout en latin. De plus, la vie religieuse imprègne toute l'activité sociale et culturelle.

- La **langue française** est dominée par le latin, qui est la langue des actes officiels, des diverses sciences et d'une grande partie de la poésie. C'est du reste nécessaire, car il n'existe pas de «langue française» à proprement parler, mais des langues locales, divisées en deux grands groupes : la langue d'Oc (dans le sud de la France actuelle) et la langue d'Oïl (dans le nord de la France actuelle). La suprématie du dialecte d'Ile-de-France comme «français officiel» ira de pair avec l'établissement de la suprématie des rois et leur installation à Paris ; elle se fera lentement et ne sera tout à fait établie que bien après le Moyen Age.

- La **littérature en langue latine** continue à s'inspirer des auteurs anciens ; elle est réservée aux clercs et le large public n'y a pas accès. D'ailleurs le livre est toujours un objet précieux, mais aussi un objet sacralisé ; la simple capacité de lire ou de posséder cet objet extraordinaire distingue des élites intellectuelles (qui savent lire) et sociales (qui possèdent) ; les seuls à détenir à la fois ces deux formes de pouvoir sont en général des ecclésiastiques. Au reste, la littérature latine influe peu sur les formes de la littérature en français.

- Nous ne saisissons plus aujourd'hui que des **fragments de la littérature médiévale :** les manuscrits rares et coûteux et l'analphabétisme de la population laïque font que la transmission est essentiellement *orale.* Les textes parvenus jusqu'à nous sont rarement datables avec précision ; la biographie, et souvent même le nom de leurs auteurs, sont inconnus ; les publics auxquels ils sont destinés difficiles à déterminer. Pour le lecteur d'aujourd'hui, le texte littéraire médiéval apparaît comme relativement coupé d'un contexte.

- **La communication directe et orale avec le public** marque les œuvres médiévales ; elles sont faites pour être chantées ou déclamées, soit devant le public noble des châteaux, soit devant les gens du peuple. Elles doivent comporter toutes les marques nécessaires pour que l'auditoire s'y repère :
— une forme rythmée ou versifiée, avec un exposé initial de l'action, des résumés fréquents, des reprises, des formules de refrains pour ponctuer les grands épisodes ou les strophes ;
— une connivence directe entre le «diseur» et son public, dont il doit satisfaire les attentes. C'est la *tradition* qui domine volontairement toute la production des textes : elle régit aussi bien les formes rythmiques que le choix des formules de présentation, des personnages, des situations, des références historiques ; elle offre un répertoire connu et obligatoire. L'originalité n'est donc pas le but de la littérature médiévale : au contraire, les types traditionnels servent à construire un univers de convention qui n'évoluera que très lentement, par l'incorporation progressive de genres nouveaux ;
— le texte n'est d'ailleurs qu'un aide-mémoire pour l'interprète, qui peut le modifier. L'œuvre médiévale n'est jamais stable et achevée, et comporte une possibilité d'adaptation aux publics et aux modes. Des valeurs, que l'on tient aujourd'hui pour essentielles au fait littéraire, n'existent pas : le texte n'est pas intouchable, il reste mouvant et sans titre ; l'auteur, dont les manuscrits notent au plus le prénom, n'est en fait que le producteur temporaire d'une version du texte.

● Le Moyen Age, enfin, pose une énigme particulière : à côté des traditions «sérieuses», existe constamment une tradition **parodique,** assurée par les mêmes auteurs, pour les mêmes publics. Sur les rythmes des poésies courtoises, ils célèbrent le vin, la sensualité ; le *Roman de Renart* parodie le roman chevaleresque ; la *Messe de l'Ane,* le *Credo des Buveurs,* les *Sermons Joyeux* parodient des textes religieux. En face des textes «sensés», on trouve les jeux irrationnels des «fatrasies» et des «resveries». La culture médiévale est en effet assez forte pour intégrer sa propre parodie, qui culmine dans les fêtes du Carnaval où tous les usages ordinaires sont inversés. A ce courant parodique se rattache notamment la poésie des GO-LIARDS, clercs plus ou moins intégrés à l'Université, souvent vagabonds, mais parfois évêques ou ecclésiastiques notoires, et à qui on attribue la plupart des textes (chantés), satiriques ou érotiques, conservés dans les recueils dits *Carmina Burana* (XIe au XIIIe s.).

2 Le Haut Moyen Age

VIIIe - XIe siècle

Les grandes invasions barbares du Ve s. (456, chute de l'Empire romain) au VIIe s., ont morcelé l'Occident en petits royaumes au cours de guerres permanentes. La culture latine a été maintenue par l'Église, qui a assuré souvent aussi la stabilité du pouvoir civil (les évêques jouent un grand rôle politique). Les monastères sont des îlots de savoir et de vie artistique (architecture, décoration, pratique du chant grégorien). On y conserve des manuscrits latins, mais l'essentiel de la science et de la philosophie latines est largement oublié.

a

Le «renouveau» carolingien

Sous le règne de Charlemagne puis de son fils Louis Ier (autour de l'an 800), se produit un essor culturel, la «Renaissance carolingienne»* ; il est lié à une réunification politique centralisée, qui emprunte l'idée d'Empire à la Rome antique. Le pouvoir impérial s'appuie sur un début d'administration, sur des chefs (les «comtes»), qui sont de grands propriétaires terriens, et sur l'Église. Les formes culturelles de ce premier essor de la chrétienté occidentale ont une visée pratique : il faut avant tout éduquer une élite, et créer des arts de prestige au service des pouvoirs politiques et religieux. D'où :

* Renouveau ou Renaissance carolingiens (de Carolus = Charles) : expression forgée au XXe s.

• Des **réformes scolaires** destinées à la formation des clercs : dans les monastères s'installent écoles et ateliers de copie, pour refaire des versions correctes (sans «barbarismes») des textes religieux latins, et les expliquer (rôle de grammairiens et de commentateurs comme ALCUIN). Quelques textes latins sont ainsi étudiés (César, Cicéron, Ovide, Virgile).

• **Une réflexion scientifique** restreinte, dans le prolongement de quelques auteurs des VIe et VIIe s. (Cassiodore pour la rhétorique, Isidore de Séville pour la science profane et religieuse, Boèce et Bède pour la philosophie). Ces auteurs, qui ont eu accès à la culture latine (sous une forme déjà décadente), apparaissent comme les détenteurs d'un immense savoir perdu; leurs compilations sans génie et des morceaux choisis, sont tout ce que le Haut Moyen Age (VIIIe s.-XIe s.) a connu de la culture antique. Rares sont les novateurs (Jean Scot Érigène traduisant du grec les textes mystiques du pseudo-Denys l'Aréopagite p. ex.) qui ont la chance ou la curiosité d'un accès direct à des manuscrits anciens, que plus personne ne comprenait.

● A la cour impériale, un renouveau de la **poésie latine**.

Dans cet élan culturel, certains monastères (Saint-Gall) jouent un rôle essentiel; not. les bénédictins d'Irlande, d'Allemagne (Fulda), d'Italie (Monte Cassino).

Mais le partage de l'Empire entre les petits-fils de Charlemagne (au traité de Verdun en 843; les *Serments de Strasbourg* en 842, un des plus anciens textes officiels en «français», avaient déjà consacré leur hostilité), puis les nouvelles invasions (pirateries des Arabes en Méditerranée, Vikings, Hongrois), ruinent le système politique et économique impérial. Dès lors, l'Empire se disloque, l'Église même est en plein désordre; des abbayes sont pillées, certaines bibliothèques détruites.

b

Formation d'une pensée occidentale (X^e et XIe siècles)

● On sort de cette période de désordre par l'organisation progressive du **système féodal**; celui-ci suppose des rapports de subordination personnelle entre les multiples détenteurs de pouvoirs, et il repose sur la fidélité jurée à un suzerain (le seigneur), qui délègue en retour son pouvoir sur des terres (fiefs). Le pouvoir royal (dynastie des Capétiens à partir de 987) est très affaibli pratiquement, et tente d'accroître son prestige en s'appuyant sur des doctrines religieuses (sacre du roi). C'est à partir de ce moment que s'élabore la conception de la société comme constituée de trois *Ordres :* les guerriers (chevaliers, propriétaires de fiefs), les ecclésiastiques, les travailleurs; l'esclavage est remplacé par le servage, qui interdit aux paysans de quitter leur terre.

● **L'évolution économique** est en cela déterminante. Jusqu'ici, peu de villes, peu de commerce, un outillage primitif, une régression considérable par rapport au monde romain : l'homme ne dominait plus l'espace ni les conditions naturelles. Or, des inventions successives (collier d'attelage, charrues plus solides, diffusion du moulin à eau) permettent une amélioration des rendements et l'exploitation de nouvelles zones défrichées. Avec un (relatif) mieux-être, la croissance démographique entraîne un premier essor des bourgs. Les monastères sont l'élément organisateur de ce progrès : ils sont en pleine expansion (fondation de l'ordre de Cluny en 910, de l'abbaye de Fontevrault en 1099).

● **L'Église catholique** qui rompt avec l'Église d'Orient (1054), prend d'ailleurs conscience de son caractère original occidental et de son rôle dominant dans la société et dans la culture dont elle est le seul dépositaire; elle essaie de clarifier les dogmes et de développer une culture plus complète unissant lettres et sciences (Gerbert d'Aurillac). Elle suscite notamment :

— une limitation des guerres, par l'instauration de la «paix de Dieu»;

— un renouveau des échanges culturels par le biais des pèlerinages (Conques en France, Saint-Jacques de Compostelle en Espagne), et la création d'un nouveau réseau de routes;

— l'expansion d'une architecture religieuse : *l'art roman*.

La littérature

Celle qui se crée alors est en rapport avec les préoccupations d'une société religieuse et militaire. Deux traits la caractérisent :

● De la fin du IXe s. à la fin du XIe s., les textes (du moins ceux qui subsistent) sont surtout des **textes religieux** en latin, vies de saints, hymnes, prières. Chaque grand monastère garde une trace des événements contemporains dans des *chroniques*.

● A partir du milieu du XIe s., production de **poésie épique**. La forme des *chansons de geste* («geste» signifie «exploits») est caractérisée par le groupement des vers en strophes irrégulières appelées «laisses»; leur progression narrative est assez diffuse et abonde en reprises des mêmes faits. Elles donnent l'image d'une société guerrière aux traits simplifiés et amplifiés, société féodale (bien que la plupart des fictions se rattachent à la période de Charlemagne) avec ses conflits dynastiques, judiciaires et religieux, avec aussi son fanatisme religieux contre le «Sarrazin»; ce fanatisme se manifeste à cette période dans les premières croisades et, en Espagne, par les guerres de reconquête des rois chrétiens contre les royaumes musulmans. La plus célèbre de ces chansons de geste est la *Chanson de Roland* (avant 1100). A partir des chansons du XIe s., les XIIe et XIIIe siècles ont développé des cycles d'autres chansons dont les auteurs sont inconnus :

— à partir de la *Chanson de Roland*, un cycle de Charlemagne, centré sur la lutte contre l'Islam et l'affirmation de la mission sacrée du roi : *Berte au grand pied, Anséis de Carthage, Aspremont;*

— à partir de la chanson de *Guillaume au courb nez*, un cycle de Guillaume d'Orange très abondant, centré sur l'action de vassaux fidèles qui soutiennent le roi menacé : 24 chansons, dont *le Couronnement de Louis, le Charroi de Nîmes*, la *Prise d'Orange, Aliscans;*

— à partir de *Gormont*, un cycle des «barons révoltés», plus disparate, où un vassal injustement traité se révolte contre son suzerain : *Raoul de Cambrai, Girart de Roussillon.*

La dernière période du genre verra, aux XIIIe et XIVe s., le remaniement des chansons de geste sous forme de longs romans de chevalerie, qui assureront la survie de leurs thèmes jusqu'au XVIIIe s. dans les livres populaires. Mais parallèlement, on écrit aussi des épopées parodiques comme *Le Voyage de Charles à Constantinople*, ou *Le Roman de Renart.*

3 La Renaissance du XIIᵉ siècle

Le dynamisme de l'Occident se traduit au XIIᵉ s. par un grand progrès économique, une nette croissance démographique et des désirs d'expansion :

— accélération des échanges (foires de Champagne), urbanisation croissante, début du mouvement communal (les villes échappent au pouvoir de leurs seigneurs) ;

— expansion militaire, souvent avec des prétextes religieux : extension des mouvements de reconquête sur les Musulmans en Espagne, fondation du Royaume Normand de Sicile, et surtout Croisades (1095, puis 1147, 1189, 1202...) qui établissent un éphémère Royaume Franc en Palestine. L'Occident s'y enrichit au contact des cultures étrangères arabes, juives et byzantines, qui ont mieux conservé et perfectionné la science antique.

Aussi le mouvement culturel est-il d'une extrême richesse ; il est l'œuvre de plusieurs instances : religieuses, aristocratiques, urbaines.

a

Les institutions religieuses

● C'est une période de fondation d'ordres religieux (Cîteaux), ainsi que des premières **Universités** (Paris, Orléans, Montpellier) où l'on enseigne la théologie, la médecine, le droit, les arts libéraux (d'abord le *trivium* : grammaire, rhétorique, dialectique ; puis le *quadrivium* : arithmétique, géométrie, astronomie, musique). Cela amène la fondation d'écoles de théologie dans certains monastères comme Chartres et Saint-Victor de Paris, qui redécouvrent des Pères de l'Église (Augustin, Ambroise, Denys l'Aréopagite) ; par eux, certains auteurs (Bernard de Clairvaux, Hugues de Saint-Victor) acquièrent une meilleure connaissance de la philosophie platonicienne, et peuvent amorcer une réflexion sur les progrès de l'histoire, sur la connaissance de la nature, sur les pouvoirs de l'esprit humain. Ils développent un mode de pensée qui recourt essentiellement aux symboles.

● Ce mouvement amène l'établissement de recueils de dogmes, comme le *Livre des Sentences* de Pierre Lombard, et la rédaction des textes politiques et juridiques fondamentaux de la civilisation médiévale, comme le *Décret* de Gratien, base du Droit, ou le *Policraticus* de Jean de Salisbury, base d'une réflexion politique. Il entraîne aussi une redécouverte de la science (traduction de l'*Astronomie* de Ptolémée, description des phénomènes naturels et des êtres : *Elucidarium* d'HONORIUS D'AUTUN, *Bestiaire* et *Lapidaire* de PHILIPPE DE THAON), et le progrès de la philosophie vers une forme de rationalisme, plus ou moins détaché de la théologie et donc suspecté (traduction de la *Logique* d'Aristote, *Sic et Non* d'ABÉLARD).

b

La culture aristocratique

● Depuis le début du XIIᵉ s. se développe le *Grand Chant Courtois*. Le mot de **courtoisie** désigne un fait de civilisation, d'abord en pays d'Oc, puis en Ile-de-France et en Normandie. La vie de cour, autour des grands seigneurs, propose comme idéal la noblesse du chevalier (opposé au «vilain»), caractérisé par un art de vivre et une élégance morale : politesse, loyauté, fidélité, gloire, contrôle de soi, refus de toute chose basse. Elle codifie en particulier les rapports amoureux : amour et courtoisie se portent mutuellement à leur perfection. La «fine amor» est décrite en termes de vassalité à la Dame, seule maîtresse de la récompense en «joy» (délectation). Conception aristocratique, en contraste avec la réalité très brutale des mœurs et des lois, et qui trouve son expression dans une poésie lyrique chantée, très codifiée : vocabulaire assez restreint, éléments poétiques fixes, non narratifs, discours d'un «je» anonyme qui monologue pour une Dame.

Les auteurs de chansons, aristocrates ou poètes de cour («troubadours» en pays d'Oc, «trouvères» en pays d'Oïl), sont nombreux. Citons les troubadours : vers 1071-1127, GUILLAUME IX duc d'Aquitaine ; vers 1130-1150, JAUFRÉ RUDEL et MARCABRU ; vers 1150-1200, BERTRAN DE BORN, BERNARD DE VENTADOUR ; les trouvères : vers 1180-1200, CONON DE BÉTHUNE ; vers 1230-1250, THIBAULT DE CHAMPAGNE.

● A côté de cette poésie close et difficile, d'autres registres poétiques prennent une importance croissante à la fin du XIIᵉ s. : *chansons*, à refrains, à thèmes gais et non courtois, sur le monde contemporain et la religion. Elles sont volontiers narratives : chansons de croisade, chansons d'aube, chansons de toile, qui supposent des dames qui attendent leur amant parti au loin et déplorent son départ. Tout entre en poésie, d'autant que la musique, jusque-là inséparable de l'art du bien-dire, n'apparaît plus alors comme un accompagnement indispensable. La poésie non chantée favorise certaines formes où les marques du rythme sont plus nettes (ballades, lais) et les rimes plus travaillées. Progressivement aussi s'introduisent des passages descriptifs ou proches d'un certain réalisme et l'amorce d'une expression personnelle, qui cependant ne l'emporte jamais sur la conformité à des modèles généraux.

● A partir du milieu du XIIᵉ s. le récit trouve son expansion dans le **roman en vers**. D'abord influencé par l'érudition et le discours historique latin, il adapte des épopées et mythes grecs et latins (*Roman de Thèbes*, *Enéas*, *Roman d'Alexandre*, *Roman de Troie*, entre 1150 et 1165). Il se caractérise, outre ses sources, par l'abandon de la laisse et du chant, l'organisation de la narration, la place faite à l'intrigue amoureuse (influence courtoise), l'individualisation du héros (qui accomplit toujours une quête initiatique), et la présence croissante de descriptions.

Les romans vont surtout développer la «matière de Bretagne» (les actuelles Grande-Bretagne et Bretagne française). L'initiateur en est le *Roman de Brut* de Wace, qui faisait connaître la légende du roi Artus (Arthur), les exploits des chevaliers et la mythologie celtique (notamment la légende de Tristan et Yseult). Ce sera aussi le cadre-type des romans ou des récits courts appelés lais. Écrivent alors, dans les cours d'Aquitaine et de Champagne : BÉROUL, *Tristan ;* MARIE DE FRANCE, *Lais ;* THOMAS D'ANGLETERRE, *Tristan ;* CHRESTIEN DE TROYES, *Lancelot ou le*

Chevalier à la Charrette, Yvain, Perceval...

Au XIIIe s., tous ces romans sont mis en prose, remaniés et réunis dans l'immense texte dit *Lancelot-Graal* qui leur donne une interprétation religieuse : la quête du Graal est alors celle de la perfection chrétienne.

L'introduction de la prose en littérature amène à différencier les textes spécifiquement poétiques et ceux qui entendent décrire le monde ; cette description peut prendre une forme mythique (dans les romans) ou morale et allégorique (comme dans les nombreux *Ysopets,* recueils de fables imitées d'Ésope, d'auteurs variés parmi lesquels MARIE DE FRANCE p. ex.).

C

Le développement urbain

• L'essor économique a accéléré le **développement des villes** et des milieux «bourgeois» (c.-à-d. les habitants des villes) cultivés, et à partir du milieu du XIIe s. se développe le *jeu dramatique.* Si la courtoisie et le roman visent un public aristocratique, le théâtre, lui, est un phénomène collectif et urbain, à finalité religieuse et didactique. Lors des grandes fêtes, les bourgeois sont à la fois acteurs (les confréries qu'ils forment organisent et animent les spectacles) et spectateurs de ces jeux qui peuvent durer plusieurs jours : *Jeu d'Adam* (auteur inconnu) ; *Jeu de Saint-Nicolas,* Jean BODEL, vers 1200 ; dans le même lignée, *Miracle de Théophile,* RUTEBEUF, 1262 ; ADAM DE LA HALLE. Ces formes de prédication-spectacle intè-

grent des épisodes comiques (farces) qui ne constitueront des pièces autonomes qu'au XVe s. ◊

• Les grands **édifices religieux** sont à cette époque réalisés par les communautés urbaines, et non plus par les monastères : on commence les cathédrales (Paris, Chartres), dont le style *gothique* se substitue peu à peu au style roman. La décoration, et même la forme des cathédrales, sont organisées pour faire l'éducation du public illettré : les figures de l'Ancien et du Nouveau Testament, des vies de saints, ou certains épisodes historiques, qui ornent les portes et les vitraux, sont comme des aide-mémoire que commentent les sermons.

4. L'apogée du XIIIᵉ siècle

a

Expansion de la Chrétienté

L'expansion de l'Occident est à son apogée au XIIIᵉ s.

— Expansion économique : développement de l'industrie textile aux Pays-Bas et du port de Bruges, au nord ; richesse de Gênes et de Venise, et croissance du commerce méditerranéen ; échanges entre les Flandres et l'Italie par l'intermédiaire des foires de Champagne et de Lyon.

— Expansion de la Chrétienté : conquête de nouveaux territoires à l'est de l'Europe, appuyée sur des ordres monastiques militaires (ordre des Templiers, Chevaliers Teutoniques) ; nouveau progrès de la reconquête en Espagne ; dernières croisades.

— Contacts avec les Mongols et la Chine (le *Livre des Merveilles du monde,* récit en français du voyage du génois Marco POLO).

Mais des problèmes religieux perturbent pourtant cette expansion : tentative d'extermination militaire des hérésies vaudoise et cathare dans le sud de la France et création de l'Inquisition ; de nouveaux ordres religieux (Dominicains et Franciscains) sont créés pour restaurer l'unité de la foi par des prédications et assurer un meilleur contact avec les fidèles. Parallèlement, sans modifier encore l'ordre féodal, les villes s'émancipent, et de nombreux serfs sont affranchis.

Les rois de France étendent le domaine royal et renforcent leur pouvoir en matière juridique et fiscale, ce qui entraînera un conflit avec la papauté. De la fin du XIIᵉ s. au début du XIVᵉ s. (de Philippe Auguste à Philippe le Bel) se forge l'idée nationale. Les croisades représentent des opérations autant politiques et militaires que religieuses.

b

Un apogée culturel

Les formes culturelles connaissent alors un apogée. La culture vise de plus en plus un public laïc et urbain. En plus des formes nées au XIIᵉ s. et qui se prolongent, quatre domaines sont créateurs : la science, l'histoire, la morale, le récit.

● **De grandes sommes universitaires** naissent de la *scolastique* (science de la démonstration) et de la recherche intellectuelle, souvent fondée sur l'étude de la matière, ce qu'on appelle alors *alchimie*. Elles font progresser les savoirs : scientifiques avec Roger Bacon, ALBERT LE GRAND, ou le *Speculum Magnum* de VINCENT DE BEAUVAIS ; techniques, avec l'album de dessins techniques et architecturaux de Villard de Honnecourt p. ex. ; théologiques avec Thomas d'Aquin, et hagiographiques avec la *Légende Dorée* de Jacques de VORAGINE. L'Université de Paris est particulièrement active et son autorité est grande en Europe. Le débat le plus important du siècle concerne l'usage qu'il faut faire de la philosophie antique païenne, et principalement d'Aristote : connu à travers ses commentateurs arabes (Averroès), puis par une partie de ses textes originaux, il devient une référence scientifique capitale mais dont le matérialisme fait difficulté pour un esprit chrétien.

● **Le discours historique** en langue vulgaire, chronologique, rédigé à la première personne par un témoin, à valeur édifiante puis politique, apparaît avec VILLEHARDOUIN (*Histoire de la Conquête de Constantinople*, vers 1200-1213) et JOINVILLE (*Histoire de Saint Louis*, vers 1300-1310).

● D'un style plus familier, les *fabliaux* ont un public large (aristocrates et bourgeois) et des auteurs variés (goliards, mais aussi auteurs reconnus comme Bodel ou Rutebeuf). Ces récits courts s'intéressent à la vie quotidienne, à la satire sociale ; les institutions (église, mariage, ...) sont prétexte à l'humour (noir parfois) et à la gaillardise.

● Expansion de la **littérature moralisante** : proverbes, arts d'aimer, arts de mourir (BAUDOUIN DE CONDÉ, *le Dit des trois morts et des trois vifs*), bonnes manières (ROBERT DE BLOIS, *le Chastoiement des Dames*, vers 1250).

● *Le Roman de la Rose* de GUILLAUME DE LORRIS continué par JEAN DE MEUNG, occupe une place particulière : allégorie de la quête de l'Amour, rédigé à la première personne, il devient une référence constante pour tous les auteurs jusqu'au XVIᵉ s., qui le considèrent comme un abrégé des formes de la connaissance et le type même du littéraire, c.-à-d. une fiction derrière laquelle se cache la Vérité.

5 L'Occident en crise :

1300 - 1450

Au début du XIVe s., **la prospérité de la France** est particulièrement remarquable, et son mode de vie et de pensée est dominant en Europe. La féodalité s'est trouvée finalement limitée au profit d'un absolutisme royal : le roi gouverne avec un Conseil, des officiers d'administration, et quelques assemblées des «États du Royaume» composées des représentants des trois Ordres ; il ne délègue plus ses pouvoirs à ses vassaux. Au milieu du siècle, une série de **catastrophes** et de **mutations importantes des mentalités** vont pourtant mettre fin à la civilisation médiévale.

a

Mutations de la société et des mentalités

La surpopulation et la stagnation de l'agriculture entraînent des famines. S'y ajoutent des calamités naturelles : la peste noire (surtout 1348) désorganise toutes les activités et tue un tiers de la population d'Europe. Les tentatives pour conjurer ce fléau, qu'on croit dû à la colère divine, engendrent des comportements qui relèvent de l'hystérie collective (processions de flagellants, massacres de Juifs).

L'expansion occidentale cesse ; l'équilibre économique se modifie. Seules restent dynamiques les zones urbanisées, «indus-

trialisées», comme les Flandres et l'Italie, où commence le capitalisme.

La substitution progressive d'idéaux nationaux à l'idéal d'une chrétienté unifiée coïncide avec la reprise des guerres entre pays chrétiens : la «Guerre de Cent Ans» franco-anglaise ruine le royaume de France. Cela suscite un affaiblissement des pouvoirs royaux et pontificaux (on voit pendant un temps s'affronter deux papes) ; cela entraîne aussi des troubles sociaux : émeutes parisiennes de 1357, jacqueries (révoltes de paysans) comme celle de 1358.

b

Contradictions de la vie culturelle

La vie culturelle manifeste cette désorganisation de diverses façons :

● **Les recherches intellectuelles** s'éparpillent. Les synthèses du XIIIe s. sont abandonnées au profit de tendances incompatibles entre elles : rationalisme (Guillaume d'Ockam) et mysticisme (Eckhart, influences allemande et flamande). Les Universités continuent à se développer (rôle à Paris de GERSON), mais leur enseignement n'est plus homogène. On commence aussi à considérer que certains domaines échappent à l'emprise religieuse, la politique par exemple (Marsile de Padoue).

● La thématique chevaleresque perd de sa vitalité, mais reste pourtant centrale dans la **poésie courtoise** aristocratique, que représentent alors des œuvres importantes comme celles de GUILLAUME DE MACHAUT (vers 1320-1350), d'Eustache DESCHAMPS (vers 1370-1400), de Christine de PISAN (vers 1390-1430), de Charles d'ORLÉANS (vers 1430-1450).

● En revanche, les genres qui concernent toute la communauté sont en plein essor :

— Le **théâtre** est particulièrement actif, avec des thèmes religieux ou hagiographiques. Les *mystères*, joués par les confréries de bourgeois, durent plusieurs journées ; le spectacle se déroule sur le parvis des cathédrales ; la scène n'est pas un lieu fixe mais se répartit en plusieurs endroits, affectés chacun d'un sens symbolique, et entre lesquels vont et viennent acteurs et spectateurs (*Miracle de la Passion* d'Eustache DESCHAMPS ; *Passion d'Arras* d'Eustache MARCADÉ). Ces textes trouvent leur somme dans *le Mystère de la Passion* d'Ar-

noul GRÉBAN, remanié par Jean MICHEL (1450 et 1486) et qui a été représenté jusqu'en 1548 ; après quoi, les mystères sont interdits et cette forme de théâtre disparaît. Mais le théâtre comporte aussi des textes allégoriques (les moralités) ou comiques (soties et farces, comme la *Farce de Maître Patelin*, 1436).

– Une **littérature satirique,** antiféministe, antibourgeoise, anticléricale *(Roman de Fauvel,* 1330 ; *les Quinze Joies de Mariage*), qui se mue à l'occasion en pamphlet politique (Alain CHARTIER, *Le Quadrilogue invectif,* 1422).

– L'**analyse historique** est très appréciée. Née des guerres incessantes, une réflexion sur l'organisation politique se forme à travers l'Histoire (nombreuses chroniques, dont les *Chroniques* de FROISSART, écrites entre 1360 et 1400 ; *Chronique de Charles VI* de JUVÉNAL DES URSINS, écrite vers 1420) et le Droit (PHILIPPE DE MÉZIÈRES, Nicolas ORESME).

Les sensibilités sont en ce temps surtout enclines à l'inquiétude. Cela se manifeste par exemple dans les formes d'une piété plus démonstrative, qui met en valeur des sujets susceptibles d'engendrer des émotions violentes (comme la Passion du Christ, sous l'influence de la prédication franciscaine, ou encore le Jugement Dernier). Cette modification des mentalités collectives, qui influencera fortement les XVe et XVIe siècles où l'Humanisme (v. p. 26) restera surtout le fait des élites, s'exprime notamment par les « grandes peurs » qui se transforment en haines (persécution des Juifs et des sorcières, danses macabres, …).

6 Genèse de l'«Humanisme»

1450 - 1540

Après les ravages des grandes pestes au XIVe s., après la guerre de Cent Ans qui ruine campagnes et villes et affaiblit le féodalisme, le royaume de France connaît à nouveau de 1450 à 1540 une ère de prospérité croissante. La disparition des fléaux, la reconstitution d'un royaume unifié territorialement et politiquement, l'essor européen de la démographie, du commerce et de la banque, engendrent une période où l'ascension sociale est plus facile, où les villes agrandies se dotent de formes culturelles originales, où les cours princières ou royales deviennent des centres attractifs. L'Europe retrouve son dynamisme, et la découverte des nouveaux mondes (Afrique, Inde et surtout Amérique) contribue à l'enrichir et à modifier l'équilibre économique en faveur des régions occidentales du continent (péninsule ibérique, Flandres...).

Cet essor économique crée les conditions d'une mutation intellectuelle, favorisée par l'arrivée en Italie des Grecs de Constantinople (après la prise de cette ville par les Turcs et la chute de l'Empire d'Orient en 1453). Ils apportent de nombreux manuscrits et une tradition d'étude des auteurs anciens, dont l'Occident va découvrir la richesse et les valeurs dominantes. Les Universités se multiplient, et les contemporains ont l'impression d'un authentique renouveau de la civilisation (d'où le nom de «Renaissance» que le XIXe s. a donné à cette période).

a

L'Humanisme

● Sous l'influence de l'Italie, les traditions intellectuelles se trouvent bouleversées. L'accroissement des échanges (par le commerce et les guerres), l'habitude pour les étudiants aisés d'aller faire leurs études à Padoue, Rome et Florence, la mobilité constante des professeurs, favorisent la diffusion entre 1450 et 1500 des valeurs nouvelles de l'**Humanisme** :

— Redécouverte des textes de l'antiquité grecque et latine, étudiés en entier et dans leur langue originale.

— Vulgarisation de la philosophie néo-platonicienne (première traduction complète de Platon en latin par Marsile Ficin).

— Exaltation des capacités de l'Homme (d'où le mot : «humanisme»), considéré comme un résumé du monde et apte à le dominer, aussi bien qu'à comprendre Dieu par sa création (thèmes développés p. ex. chez Pic de la Mirandole).

● L'Humanisme fournit un cadre philosophique à des mouvements de **rénovation religieuse**. Le désir de trouver des formes de piété plus personnelles et de pratiquer une religion plus spirituelle que rituelle, prend appui sur la redécouverte des Pères de l'Église : le Moyen Age connaissait saint Augustin surtout (v. p. 19), mais le XVe s. découvre les Pères grecs : Origène, Grégoire de Nysse, Jean Chrysostome ; appui également sur la diffusion de la *Bible* et des *Évangiles*. La volonté de rénover l'Église prend une forme radicale dans la Réforme protestante (LUTHER, CALVIN), mais connaît aussi en de nombreux lieux des formes modérées (groupe de Meaux autour de BRIÇONNET, p. ex.).

● La **diffusion rapide des idées nouvelles** s'explique par le rôle actif de l'**imprimerie**. D'abord consacrée à multiplier ce que le Moyen Age considérait comme fondamental (livres de piété, théologie scolastique, arts de bien mourir), elle passe au service du «modernisme» à partir de 1500. Entre 1470 (installation de la première imprimerie parisienne à la Sorbonne) et 1540, tous les livres anciens deviennent accessibles à la classe aisée et aux étudiants, grâce à l'activité immense de traducteurs, commentateurs et philosophes tels qu'ERASME à Louvain, LEFÈVRE D'ETAPLES et BUDÉ à Paris.

Le symbole de cet intense appétit de tous les savoirs est la création en 1530 par François Ier d'un Collège Royal (aujourd'hui Collège de France) où le latin, le grec et l'hébreu, puis les mathématiques, la philosophie et les langues orientales sont enseignées par les meilleurs professeurs. On voit alors s'établir des dynasties familiales de lettrés, ce qui correspond à la double expansion de l'enseignement et de la haute et moyenne bourgeoisie, qui fait de la culture un de ses moyens de domination.

Toutes les sciences bénéficient de ce renouveau : archéologie, magie (alors considérée comme science de la nature), astronomie, médecine, mais surtout histoire (invention de notions-clés comme «civilisation», «évolution», «structures politiques» chez COMMYNES) et droit (retour au droit romain écrit, qui remplace les «coutumes» régionales et orales).

L'Humanisme est donc un phénomène qui touche toute l'Europe occidentale. En France même il déborde le cadre parisien. Les grandes villes de province sont, pendant tout le XVIe s., des centres importants de la vie intellectuelle. Celle-ci est animée par des institutions comme les Universités, les Parlements, les cercles érudits (Aix, Lyon), et aussi des académies qui organisent des concours littéraires annuels (Jeux Floraux à Toulouse, Puys de Palinods à Rouen,...).

b

La situation paradoxale de la littérature

● **La littérature reste d'abord en marge de cet élan** : ni ses formes poétiques destinées à un public de cour restreint, ni ses formes narratives ne peuvent intégrer tant de nouveautés, puisqu'elles vivent sur un répertoire traditionnel clos. De la poésie médiévale faite de jeux formels et qui est devenue inadaptée, subsiste une technique brillante, portée à son maximum chez les **Grands Rhétoriqueurs** (MOLINET, CRÉTIN, DE LA VIGNE, J. BOUCHET) : jeux de mots, rimes complexes et jeux de symétrie, possibilité de lectures multiples font de leur poésie un exercice de virtuosité. Mettons à part le cas de VILLON dont la biographie réelle est inconnue et l'interprétation difficile : il pratique une poésie venue de la tradition urbaine, souvent parodique, dans laquelle les jeux surabondent à côté de passages où la critique s'est plu à déceler une lyrique personnelle (*Testament*, 1462).

Par ailleurs, les villes et surtout les cours (France et Bourgogne) développent les arts du spectacle, lors de fêtes qui servent à la propagande princière ou monarchique : les «entrées» royales dans les villes, les obsèques royales à Paris sont construites sur le modèle des triomphes romains ; les fêtes reprennent sous forme de tournois stylisés (les «pas d'armes») les romans chevaleresques.

● Cependant, après 1500, trois indices d'une **évolution** :

— La **fiction narrative** connaît une expansion, avec des transpositions des romans chevaleresques (Antoine de LA SALE, *Le Petit Jehan de Saintré*, 1459 ; *Jehan de Paris*, d'un bourgeois anonyme), et les premières *nouvelles* imitées de l'italien (v. p. 34).

— Une **poésie en latin** est produite en masse : elle imite les Anciens, et renie la langue et les formes médiévales au profit de ce qu'elle considère comme la perfection de la littérature antique, devenue modèle vénéré et contraignant.

— Le **public de la cour,** dont l'éducation même sommaire inclut dorénavant au moins un vernis d'Humanisme, ne se satisfait plus de la poésie compliquée des Grands Rhétoriqueurs, que l'on délaisse au nom du **naturel**. L'œuvre de Jean LE-MAIRE DE BELGES, historiographe et poète, utilise encore la technique des Rhétoriqueurs, mais intègre des motifs venus d'Italie, et représente la première amorce d'une littérature humaniste qui ne soit pas en latin. Le nouveau style veut s'adapter à une communication plus directe (dans les épîtres ou les discours p. ex.) Cependant, il emprunte encore peu à l'Humanisme réel, trop érudit. Son meilleur représentant est Clément MAROT, dont la plus grande gloire, en son temps, est pourtant autre : on lui doit en effet une traduction française des *Psaumes*, qui sera un des symboles durables de la Réforme française.

7 Tendances générales des Temps Modernes (XVIe, XVIIe, XVIIIe siècles)

La notion de «Temps Modernes» recouvre une période historique longue ; forgée par les historiens, elle comporte une part inévitable d'arbitraire, et les courants divers qui s'y manifestent ont leurs singularités et leurs rythmes propres. Cependant, quelques traits lui confèrent une unité sensible.

● Dans le domaine **politique,** c'est le temps où la monarchie absolue et centralisée assure son emprise sur la France, en dépit des révoltes et des guerres civiles. La monarchie française conquiert d'ailleurs un rôle dominant en Europe : cette période apparaît, pour l'essentiel, comme le temps de la prépondérance française, tant militaire et diplomatique que culturelle.

● Dans le domaine **idéologique** et **institutionnel,** ces trois siècles se caractérisent :
— Les pouvoirs de l'Église et de l'État sont complémentaires. Il n'y a plus assimilation pure et simple entre les deux, mais ils restent étroitement solidaires ; officiellement, l'État est le « bras séculier » de l'Église. La censure, qui se renforce face à la généralisation de l'imprimé, est d'abord religieuse, et le pouvoir politique intervient après les autorités ecclésiastiques ; mais l'importance de la censure d'état va se renforcer et s'institutionnaliser.
— La religion reste un cadre de référence obligé de toute pensée. Les très nombreuses querelles religieuses et philosophiques sont liées à cette situation. Nulle pensée ne peut s'élaborer sans se situer d'emblée par rapport à la religion. Or, l'appartenance au catholicisme — et même la foi religieuse tout court — ne va plus de soi comme au Moyen Age.
— La conscience d'appartenir à une même nation se développe (unification linguistique et administrative).

● Dans le domaine **culturel,** on note plusieurs phénomènes :
— l'apparition de l'imprimerie est un bouleversement qui permet de multiplier massivement les exemplaires des livres ; elle suscite une circulation du savoir et de l'information sans commune mesure avec les pratiques médiévales ; le public s'accroît : toutes les classes aisées accèdent à une certaines instruction, et même les masses populaires sont touchées par l'imprimé (v. p. 44) ;
— les universités, d'abord initiatrices des idées nouvelles, sont supplantées par les Collèges, où les adolescents reçoivent une éducation plus uniformisée (une « culture générale ») ;
— le modèle culturel dominant est l'Antiquité. L'enseignement et les livres diffusent les textes latins (et, en partie, grecs). A l'égard du savoir, l'érudition est l'attitude la mieux considérée, mais non la plus répandue. L'*imitation* s'accompagne souvent d'une « vulgarisation » des modèles respectés ;
— la multiplication des livres va de pair avec un développement de la réflexion individuelle, une attention plus grande portée aux ressources des modes rationnels de la connaissance, mais aussi au *moi.* A cet égard, la médecine distinguait quatre types psychologiques, liés à quatre tempéraments fondamentaux : sanguin, flegmatique, colérique, mélancolique. La Mélancolie (« bile noire »), propice à l'humeur sombre et rêveuse, était considérée comme particulièrement favorable à la création littéraire et artistique.

● La pratique **littéraire** proprement dite se caractérise par :
— La séparation effective entre les lettres et les sciences, qui entraîne la dissociation lente, mais nette, entre le savoir et la littérature de fiction ou à visée esthétique. La notion même de « littérature » prend son sens moderne vers la fin du XVIIe s. et au début du XVIIIe s.
— Le mécénat, qui met l'auteur dans la dépendance des puissances (Église,

grands, financiers); cela lui assure subsides et protection; mais de plus en plus les auteurs acquièrent une certaine indépendance, la vente de leurs livres leur procurant quelques revenus autonomes.

— La naissance des institutions littéraires (législation, Académies) et de ces presque institutions que sont la critique et l'histoire littéraire.

— La codification des genres et des modèles esthétiques, qui répond aux exigences et aux attentes d'un public progressivement diversifié et de plus en plus averti.

Au total, les structures de la vie littéraire telles qu'elles subsistent aujourd'hui se sont mises en place petit à petit dans cette période.

8

L'apogée de la Renaissance : « humanistes » et poètes

1540 - 1570

Les thèmes et les sources philosophiques de l'Humanisme érudit sont déjà bien établis dans le milieu intellectuel quand s'affirment deux groupes de poètes dont l'idéal est d'unir les vérités nouvelles à des formes « modernes » françaises : le groupe lyonnais et le groupe angevin-parisien de la Pléiade.
Ils sont ainsi en rupture volontaire avec l'internationalisme des intellectuels, pour promouvoir l'esthétique et les valeurs nationales.
Le groupe lyonnais (HEROËT, SCÈVE, Louise LABÉ) est le premier témoignage d'une littérature de l'Humanisme, influencée surtout par l'Italie.
La Pléiade est plus marquée par la littérature antique ; elle regroupe des élèves de l'helléniste DORAT (BAÏF, RONSARD, DU BELLAY, PELETIER, BELLEAU, JODELLE, Pontus de TYARD) : devenus poètes de Cour, ils tentent une poésie érudite, ornée, mythologique.

Condition sociale des écrivains

Ces hommes, d'origine sociale différente, sont pourtant proches par leur travail et leur culture : lorsqu'ils sont roturiers, contraints de gagner leur vie, ils deviennent érudits, ou professeurs dans une pauvreté chronique. S'ils sont issus de la noblesse peu fortunée, la littérature leur est permise grâce au mécénat des grands seigneurs, des banquiers et surtout du Roi. On ne vend pas sa production, on l'offre, mais il y va de la gloire du dédicataire de la récompenser par des dons, des pensions, des emplois ou des bénéfices ecclésiastiques (la plupart des poètes sont « clercs » pour pouvoir toucher des revenus réguliers) ; aux yeux de leur milieu d'origine, ils restent cependant des déclassés. Leur vrai public sera donc la classe bourgeoise instruite.

Modes de diffusion de la littérature

Le renouveau culturel est tributaire du développement de l'imprimerie, en ces temps où la collaboration est intime entre auteurs et imprimeurs-libraires, qui sont souvent eux-mêmes des érudits (Alde à Venise, les Estienne à Paris, Oporin à Bâle, Plantin à Anvers). On diffuse internationalement plus de livres laïcs que de livres religieux, en particulier la littérature en langues anciennes. Après 1550 les publications en français dépasseront celles en latin. On voit se constituer des bibliothèques privées, et une première bibliothèque royale riche en manuscrits anciens.
Influence italienne (Pétrarque, Boccace, Bembo) et antique (Horace, élégiaques, Platon, Aristote).

Tendances idéologiques

Le mécénat, senti comme honorable et louable puisque croît le dévouement à la monarchie, amène nombre d'auteurs à se faire les propagandistes de la politique officielle : nationalisme, catholicisme, monarchie. Ils sont aidés en cela par leur culture qui leur enseigne l'Ordre, l'Unité, la présence universelle de Dieu dans les êtres, les choses et les institutions. Les historiens (BODIN, PASQUIER) et les juristes (ALCIAT, CUJAS, HOTMAN), en fixant les coutumes et en magnifiant le passé national, contribuent, tout en formulant certaines critiques, à constituer une idéologie de l'État que confirme par ailleurs la poésie de louange (hymnes, odes) qui applique au Roi superlatifs et comparaisons héroïques.

Tendances esthétiques

Situation contradictoire : les auteurs compensent leur infériorité sociale par l'apologie de la Poésie inspirée, traduction privilégiée de la parole divine, qui fait du poète l'équivalent du prophète. Le texte poétique est donc un compromis entre un sens divin, et ce que les esprits profanes doivent et peuvent en comprendre. Il s'écarte résolument de la langue courante qu'il enrichit d'emprunts aux langues anciennes et de mots inventés. L'imitation est toujours recommandée : l'originalité et l'expression personnelle comptent moins que la tradition. L'érudition conforte le désir de représenter dans le texte les grandes vérités de la Pensée et du Cosmos, mais la situation mondaine des auteurs fait que dominent la poésie amoureuse et les textes de fêtes ou de louange.

Littérature, arts et savoirs

Dans les arts, variétés d'une même inspiration. L'expression figurée (emblèmes, allégories, métaphores) domine une production qui se veut révélation voilée, accessible et secrète à la fois : l'esthétique s'adresse aux sens dans ses moyens et à l'esprit dans ses buts (chez les peintres et artistes de l'École de Fontainebleau). Peinture et poésie s'inspirent l'une de l'autre (triomphes, cortèges, scènes mythologiques). Un lien très fort se rétablit entre poésie et musique, unies dans la pratique des fêtes ainsi que par la recherche des nombres harmoniques (Académie du Palais fondée par BAÏF qui tente de créer une versification purement rythmique). Les différents arts sont sentis comme des variantes d'une même inspiration, liées à un même tempérament : la Mélancolie (v. p. 30).

Formes littéraires principales

L'importance des œuvres historiques, politiques et philosophiques va croissant. L'essentiel de la production à but esthétique, pour sa part, continue les genres lyriques anciens (hymnes, odes) et surtout emploie le moderne sonnet. Les recherches de forme s'opposent à la spontanéité, même apparente, qui semble indigne de l'art ; d'où la concentration des sonnets, la complication des récits par allusions, inclusions, descriptions, systèmes de redites et de similitudes. La recherche érudite ressuscite la tragédie, qui reste longtemps un exercice de collège avant de devenir forme théâtrale autonome. Les circonstances historiques troublées font créer la poésie polémique, aux frontières du discours et de l'hymne.

9 Au temps de l'«Humanisme» : l'essor de la prose narrative

1530 - 1570

L'Humanisme triomphe dans la forme d'une poésie à la fois aristocratique et érudite, et rassemble temporairement deux publics aux goûts et aux intérêts divergents : le public de cour et le public des grands bourgeois cultivés. Mais en dehors d'elle se développent d'autres types de productions littéraires qui mettent au jour certaines limites de l'Humanisme.

● **L'œuvre** de RABELAIS (*Pantagruel,* 1533 ; *Gargantua,* 1534 ; *Tiers Livre,* 1542 ; *Quart Livre,* 1548 ; Le *Cinquième Livre,* posthume, n'est sans doute pas de Rabelais lui-même) est une des affirmations les plus triomphantes de l'optimisme et des thèmes politiques ou moraux de la Renaissance ; mais elle constitue en même temps une critique permanente de cet optimisme, en ayant recours à des procédés littéraires médiévaux : parodies, recherche de l'absurde, agressivité burlesque héritée des traditions du Carnaval. Toutes les traditions populaires y coexistent avec les formes de la culture nouvelle. Les imitateurs de Rabelais gardent de l'intérêt pour les genres littéraires du passé (contes, farces), mais ils montrent qu'ils sont loin d'eux socialement et culturellement en les considérant comme du folklore : Noël DU FAIL, *Propos Rustiques,* 1547 ; Bonaventure DES PÉRIERS, *Nouvelles Récréations et Joyeux Devis,* 1558 ; Guillaume BOUCHET, *Les Sérées,* 1584. L'Humanisme savant aboutit ainsi à se séparer clairement d'une culture populaire, à qui sera bientôt déniée toute valeur intellectuelle.

● L'utilisation de la **nouvelle,** empruntée aux Italiens comme Boccace et Bandello (imités dès 1462 par l'auteur anonyme des *Cent Nouvelles Nouvelles*) est un essai pour créer une littérature de formes et de thèmes plus communément accessibles. Ainsi, dans l'*Heptaméron* (1559) de MARGUERITE DE NAVARRE, se dessine un début d'étude psychologique et morale, qui met à profit les situations simples et contemporaines, en partant souvent d'un répertoire médiéval. Dans la nouvelle, s'épanouissent certains domaines humanistes adaptés et désacralisés : le goût pour l'Histoire y est ramené à la «belle histoire» (vie des princes, des femmes illustres), la mythologie ou la littérature antiques y sont réduites à l'intrigue amoureuse; on y trouve en abondance des meurtres et des péripéties violentes qui dévoilent des passions que la poésie de la même époque s'efforce au contraire de sublimer en symboles. Les «auteurs» sont ici plutôt des traducteurs-adaptateurs, comme BOAISTUAU et BELLEFOREST. Ce qui se multiplie, ce sont les recueils de contes et de nouvelles dus à des auteurs peu connus. Ils héritent de la tradition de la littérature orale des veillées (v. p. 45). D'ailleurs, ces recueils reprennent souvent la situation de celles-ci en mettant en scène des groupes de personnes qui s'entre-racontent des histoires qui se donnent pour vraies, même si elles sont fictives.

• Il faut pourtant reconnaître que ces œuvres, quoiqu'assez répandues dans le public, ne sont pas les grands succès du siècle; ce qui atteint le maximum de lecteurs, c'est encore le **roman d'aventures** de type médiéval: *Amadis de Gaule, Les quatre fils Aymon, Mélusine, Fiérabras,...* Les quelque 80 titres du roman héroïque et fééerique sont diffusées à 700 000 exemplaires au moins (pour 80 000 Rabelais ou 10 000 Ronsard). On est ici à la frontière de ce qui est à l'époque une littérature de grande diffusion — difficile à cerner au XVIe s. — avec ses almanachs, ses recueils de proverbes, ses vies de saints (v. p. 44).

• En outre, la littérature de fiction arrive toujours loin derrière les **livres moraux et religieux,** tant en nombre d'auteurs, que de titres ou de consommateurs. Le livre religieux continue donc d'être au centre des préoccupations du siècle et à être le lien culturel principal entre les diverses classes sociales. Problème essentiel pour la compréhension des mentalités et des ruptures qui vont transformer le second demi-siècle en une guerre civile permanente.

10

La sensibilité «baroque»

1570 - 1650

Le mot « baroque »*
vient du portugais « barroco »,
qui signifie : perle irrégulière.
Il s'applique d'abord
aux arts plastiques
de la fin du XVIe s.,
pour traduire un jugement péjoratif
porté sur une esthétique
de l'irrégularité, du mouvement,
de l'ostentation.
Cet art est néanmoins l'aboutissement
de la tradition renaissante,
qu'illustrent les peintures
des Italiens Michel-Ange
et le Caravage.
Peu violent en France,
le Baroque dominera l'Europe
durant le XVIIe s.
En France, le courant baroque
en littérature comporte une multitude
de tendances contradictoires
dans leurs visées et leurs modes
d'expression, mais peut se centrer
autour de quelques principes communs :
goût de la sensualité, des extrêmes,
de l'ornementation, du langage à effets.

* L'utilisation de la notion de «Baroque» pour désigner spécifiquement et de façon laudative un courant littéraire et artistique de la fin du XVIe et début du XVIIe s., date du XXe s.

Condition sociale des écrivains

Mêmes origines sociales, même rôle du mécénat qu'à la période Renaissance. La bourgeoisie de robe donne un grand nombre d'historiens et de juristes (p. ex. de THOU). La littérature demeure une activité secondaire ou mondaine, mais elle s'éloigne du monde universitaire qui soutenait l'Humanisme. A côté des cours royales ou princières (Gaston d'Orléans), les salons (Mme de Rambouillet) sont les centres parisiens de la réflexion et de la production. Les auteurs sont souvent polygraphes.

Modes de diffusion de la littérature

Le français domine le latin, réservé à la diffusion européenne. La fréquence des polémiques entraîne une production accrue et diversifiée des libelles et de pamphlets, largement diffusée. Le gonflement de la production fait de la librairie un commerce de taille internationale ; la foire annuelle de Francfort est le lieu des échanges et d'un début de publicité.
Les livres sont surveillés pour des motifs religieux (hérésie, impiété...) ou politiques (critiques de la monarchie). La congrégation de l'Index à Rome (mais dont le pouvoir se fait sentir en France) est chargée d'interdire ou d'expurger certaines éditions. Un arrêt du Parlement est cependant nécessaire pour que ses décisions soient applicables.
Influences étrangères dominantes : l'Espagne (Cervantès, Gongora, littérature mystique), et l'Italie (Le Tasse).

Tendances idéologiques

Le conflit religieux et politique (guerres de religion) exacerbe la propagande idéologique : définition des pouvoirs respectifs du roi, du peuple, du pape ; appel à la liberté religieuse ou à la destruction des rebelles hérétiques ; discussion du tyrannicide ; attaques contre les Jésuites (fondés en 1540). L'angoisse devant la situation historique prend souvent la forme d'un dogmatisme sévère. La victoire du catholicisme après 1610 met l'art baroque au service de la Contre-Réforme. L'exaltation du Moi, principe d'une idéologie aristocratique, est plus ou moins reprise au service de la monarchie : c'est alors le Prince qui est paré de toutes les vertus du héros (panégyriques, théâtre de CORNEILLE avant la Fronde). Naissance d'une opinion publique, d'abord exprimée par les pamphlets puis par les gazettes (Th. RENAUDOT).

Tendances esthétiques

Seul d'AUBIGNÉ exalte encore le poète comme un Inspiré des Dieux. Reste pourtant l'ambition que l'art traduise les grandes vérités du monde : science, philosophie et religion. Dans l'écriture, le vrai et l'illusion, l'être et le paraître se mêlent sans cesse (d'où l'expression figurée). Le goût pour la théâtralisation rejoint souvent l'absence d'un sens immédiatement clair. Le Baroque se veut un art « moderne », en partie libéré de l'imitation des Anciens. Polémique à l'origine, il reste un art de la persuasion, dirigé vers un public cultivé mais non érudit.

Littérature, arts et savoirs

L'impact progressif des découvertes (Nouveau Monde ; Copernic, Galilée) accroît l'impression d'instabilité des connaissances et de la vision de l'homme. Dans tous les arts, et surtout en peinture (Rubens, La Tour), on privilégie tout ce qui impressionne la sensibilité : mouvement, contraste des coloris, simplification ou au contraire foisonnement du détail et composition peu rationnelle. L'attention portée à l'individu et au monde qu'il perçoit se développe dans la physiologie et dans l'étude des forces cosmiques (Bruno, Campanella). Le dogmatisme de la philosophie aristotélicienne est combattu. Le goût pour les sciences occultes se maintient.

Formes littéraires principales

Goût pour l'expression antithétique ou métaphorique, figures qui expriment les contradictions et les difficultés de la connaissance ; retour en force de la rhétorique persuasive. Développement exceptionnel du théâtre par la *Tragédie*, en pleine expansion, la *Pastorale* (p. ex. MAIRET, *Sylvie*, 1628) et des formes plus mêlées touchant au drame et très expressionnistes (HARDY, MONTCHRESTIEN). Représentation croissante des valeurs individuelles et analyse des situations extrêmes de l'esprit ou du corps (amant martyr, métamorphoses, visions mystiques, mises à mort...). Le thème de la présence de la mort dans la vie est obsédant. Croyance religieuse et magie expliquent l'abondance de thèmes « fantastiques » et visionnaires.
MONTAIGNE est le seul à utiliser la littérature pour une analyse personnelle, en maniant à la fois une vaste culture humaniste, et l'observation des mouvements contradictoires de son Moi. Il inaugure ainsi une écriture qui manifeste la relativité des savoirs et de la morale.

11 Contradictions du «Baroque» et genèse du «Classicisme»

1610 - 1660

Le baroque, par son irrégularité même, était voué à susciter des formes de pensée non-conformistes. Mais son unité ne tenait qu'à une sensibilité d'ensemble. Au XVIIe s., il éclate en diverses tendances contradictoires; et c'est à travers le mouvement même de ces contradictions que se fait jour l'esthétique que l'on nommera plus tard «classique». L'opposition entre baroque et classique est donc en partie une vue des historiens modernes. En fait, la réalité est autrement complexe, et ces deux courants coexistaient, y compris chez un même auteur (p. ex., dans l'œuvre de MOLIÈRE ou de CORNEILLE).

a

Mutations dans la vie culturelle

Au lendemain des guerres de Religion, le retour à l'ordre politique (parfois relatif) s'accompagne de mutations dans les mentalités et pratiques culturelles. Le public évolue : il reste composé par les nobles et les bourgeois aisés, mais l'instruction s'y généralise et, sous l'impulsion des collèges jésuites notamment, devient plus uniforme. La vie de Cour et de salon se développe. Il se forme ainsi, à côté du petit monde des «Doctes», érudits héritiers des humanistes, un milieu mondain qui devient par son nombre le destinataire principal de la production littéraire. Nourris de littérature latine ancienne, mais méprisant le pédantisme, ces mondains trouvent peu à peu leur modèle de comportement dans l'idéal de l'«*honnête homme*», que caractérisent la politesse, le souci du goût et de la sociabilité, et dont la *galanterie* sera une forme plus raffinée. De plus, la centralisation politique, renforcée par Henri IV et Richelieu, favorise la prééminence intellectuelle de Paris. Des centres provinciaux restent prospères (Rouen, Aix, Toulouse), et maintiennent des traditions vivantes (dont une riche littérature occitane : Pey de GARROS et GODOLIN) où le Baroque trouve des points d'ancrage solides.

La création littéraire se partage entre une tradition savante, destinée aux doctes, et une production de divertissement mondain. De même la thématique individualiste de l'héroïsme nobiliaire et le désir de mesure et d'intégration de l'individu à la collectivité se côtoient, se confrontent parfois. Le principe esthétique unificateur du classicisme, qui vise à «instruire et plaire», élimine en partie ces contradictions.

b

Des contradictions dans la pensée religieuse

● Les guerres de religion ont eu pour résultat imprévu d'engendrer un scepticisme croissant, qui connaît diverses formes : la tolérance, l'assimilation de la religion à une simple garantie de morale et d'ordre (Pierre CHARRON), l'indifférence, la provocation. L'athéisme déclaré étant puni de mort (exécution de Vanini, condamnation de THÉOPHILE DE VIAU en 1623), le conformisme extérieur devient de règle, sauf dans certains milieux très protégés (cour de Gaston d'Orléans). Mais à travers la recherche scientifique (autour du père Mersenne, de Gassendi) et érudite (amis des frères Du Puy et de Peiresc), une génération remet en cause les fondements religieux essentiels (structure du monde, discussions sur l'âme et la matière). Ce **libertinage** (c.-à-d. cette «libre pensée») se traduit en littérature plus souvent par des silences que par des déclarations dangereuses, ou encore par la substitution de la mythologie païenne aux dogmes chrétiens dans certains textes. Mais, faute d'un renouvellement scientifique et philosophique suffisant, ce mouvement se dilue dans un déisme vague qui n'évolue pas. Tel est l'itinéraire intellectuel de NAUDÉ, LA MOTHE LE VAYER ; de même les ambiguïtés de RACAN, MAYNARD, CYRANO DE BERGERAC,...

● Mais en même temps, c'est l'époque d'une extraordinaire floraison de **littérature religieuse,** qui accompagne la Contre-Réforme, la «reconquête» catholique des esprits (FRANÇOIS DE SALES, BÉRULLE, romans édifiants de l'évêque J.-P. CAMUS). Outre les livres de polémique et de théologie fondamentale, la consommation et la production des laïcs sont considérables. Aux traditionnelles méditations sur la bonne mort et aux livrets de dévotion, s'ajoute à présent une littérature mystique influencée par l'Espagne (Ignace de Loyola, Jean de la Croix, Thérèse d'Avila). Son ton nouveau vient de l'exaltation, de la grande fréquence des métaphores de lumière, de la transposition des thèmes venus de la littérature amoureuse, et de l'emploi systématique de la première personne.
En contraste avec cette vulgarisation des thèmes mystiques, la production du groupe des **Jansénistes** (disciples de l'évêque Jansénius : SAINT-CYRAN, ARNAULD...) est plus austère. Persécutés dès 1650, les Jansénistes forment, dans les Écoles attachées au Monastère de Port Royal, une élite intellectuelle active dans la polémique, la philosophie et l'apologie religieuse. Bien que participants de l'effort de rigueur catholique, ils révèlent une sensibilité plus attentive à la raison et à la logique, qui les éloigne du courant baroque. Mais ils s'adressent à un public assez étroit, sauf PASCAL : *Les Provinciales* (*id.*), 1656-57 ; *Pensées*, posthumes, 1670.

Des contradictions dans l'esthétique littéraire

● Le **réalisme grotesque,** littérature de la satire et de l'agression contre toutes les bienséances, réagit contre l'esthétique humaniste et l'épuration progressive des mœurs, par un rabaissement systématique des thèmes et du vocabulaire. Ce courant exerce une sorte de fonction critique et parodique, notamment dans le *Burlesque,* caricature des genres nobles en vogue. Les auteurs sont généralement liés au milieu libertin (ainsi l'ouvrage collectif du *Parnasse Satyrique,* 1622); on peut citer notamment : Mathurin RÉGNIER, *Satires,* (p.) 1613; Charles SOREL, *Francion* (r.), 1622; Paul SCARRON, *Virgile travesti* (p.), 1649-1659; CYRANO DE BERGERAC, *Histoire comique des états et empires de la lune* (r.), posthume 1657, et *Histoire des états et empires du soleil,* posthume, 1662.

● **Le courant héroïque et pastoral** influence le théâtre (v. p. 37) et domine dans une abondante production *romanesque.* Dans un cadre d'invention (même si les auteurs s'ingénient parfois à se donner les garanties d'un arrière-plan historique), ces récits aux intrigues compliquées développent des situations propices à exposer les règles d'un code des sentiments et des valeurs. Cet idéalisme récupère sans peine les valeurs héroïques des romans chevaleresques. Ils mettent en scène des princes déguisés en bergers (c'est l'univers pastoral de l'*Astrée* d'Honoré d'URFÉ,

1610-1625), ou des héros antiques (LA CALPRENÈDE, *Cléopâtre,* 1647-1656). Parfois, chez GOMBERVILLE et surtout chez Mlle de SCUDÉRY (*Clélie,* 1656-1661), ils présentent des personnages «à clefs», parmi lesquels les lecteurs prennent plaisir à reconnaître leurs contemporains. La vogue de ces romans-fleuves est considérable; le genre est encore considéré comme secondaire, mais ses théoriciens s'efforcent de lui donner une dignité nouvelle en le présentant comme un substitut de l'épopée (le XVIIe s. rêve de produire des épopées, genre tenu pour le plus noble, et beaucoup d'auteurs en composèrent, sans grand succès).

Dans la *poésie mondaine,* l'ornementation et la difficulté sont le but avoué de l'écriture, et visent à une métamorphose ou à une dissimulation du réel (influence de l'Italien Marino et de l'Espagnol Gongora); l'auteur le plus en vue dans les salons est VOITURE.

● La **Préciosité** (au sens strict, le phénomène se situe entre 1650 et 1660; on applique aussi le terme quelquefois, par extension, aux auteurs envisagés dans le paragraphe précédent) est une affirmation extrême de ces tendances. Elle se développe dans les salons féminins, et recherche une épuration des mœurs, de la vie amoureuse et du langage.

d

La codification du langage et de la littérature

● Souvent en relation avec les salons et les cercles littéraires s'amorcent très tôt un mouvement de **codification du langage** et une analyse des **normes de la littérature**. Les auteurs du XVIᵉ s., malgré de fracassantes déclarations, étaient peu classificateurs au fond, et accueillaient volontiers toute invention. Le XVIIᵉ s., plus exigeant, réfléchit à la pratique littéraire, qu'il distingue de l'exercice de la pensée et de l'écriture à des fins non-esthétiques. L'instauration de l'Académie française par Richelieu en 1635, à partir d'un cercle d'hommes de lettres, va en ce sens : elle s'assigne pour but de codifier le vocabulaire, la syntaxe, la poétique. Plus largement, les théoriciens comme VAUGELAS et les jansénistes pour la grammaire, CHAPELAIN, D'AUBIGNAC, MÉNAGE pour l'esthétique littéraire, combattent les libertés et ce qui leur apparaît comme les excès du Baroque, et même ses principes. Ils prônent un retour à un idéalisme tempéré et à un langage plus sobre. Le classicisme (classique : v. p. 42 l'histoire du mot) sera le produit d'une tendance ainsi profondément ancrée dans les milieux parisiens.

● Le **goût classique** se forge surtout à partir de la lecture répétée de quelques œuvres tenues pour des modèles. Il s'attache assez peu au roman, et préfère les genres qui impliquent une pratique collective de la littérature. Ainsi naissent des formes nouvelles, comme l'art épistolaire, dont GUEZ DE BALZAC est tenu pour le promoteur. La réflexion critique sur la littérature contemporaine (SOREL) se développe, ainsi que la recherche historique (MÉZERAY). La poésie prise comme référence est celle du registre soutenu, célébrant volontiers les Grands (MALHERBE). Mais la réflexion porte surtout sur le théâtre : les attentes du large public, friand d'effets spectaculaires, et les exigences des doctes, qui réclament l'observation des règles (v. p. 43), s'affrontent notamment (1637) à propos du *Cid* de Corneille. Le théâtre classique naît de l'effort pour concilier les deux aspirations. Enfin, les modèles les plus lus et admirés restent les Anciens : entre 1630 et 1660 fleurissent des éditions et surtout de nombreuses traductions des textes grecs et latins, qui les rendent accessibles à tout le public cultivé. C'est grâce à elles notamment que peut se développer l'esthétique de l'imitation : en imitant les œuvres tenues pour admirables, on ne prétend pas tant les dépasser que célébrer la richesse d'une culture. La référence au modèle romain devient ainsi familière à tout le public cultivé, tant dans l'art que dans la morale (stoïcisme not.).

12

Le « Classicisme »

1650 - 1700

L'élaboration du Classicisme* s'amorce en France (pays d'Europe le moins marqué par l'esthétique baroque) dès 1630. Caractérisé par l'exercice de la Raison dans les règles établies, il recherche la pureté et la clarté dans la langue et la rhétorique, la simplicité, la juste mesure, l'équilibre et l'harmonie. Il prône l'imitation des chefs-d'œuvre de l'Antiquité.

Cette esthétique se veut « naturelle » par un effort pour construire un « naturel » conforme aux exigences de la Raison. D'où le souci du « vraisemblable » et des « règles de l'art », génératrices de beauté par leurs contraintes mêmes, moyens pour l'auteur et son public de s'assurer un langage commun. Le Classicisme atteint son apogée dans la première partie du règne personnel de Louis XIV. Spécifiquement français, et même parisien, il se répand peu à peu en province et en Europe, et sera le modèle du Beau au XVIIIᵉ s. Mais si le classicisme a une unité esthétique chez ses théoriciens, dans la pratique les œuvres mêlent souvent à ces principes des traits de baroque assagi.

1659-1673 comédies de MOLIÈRE, not. :
1662, *L'École des femmes ;* 1665, *Dom Juan ;* 1666, *Le Misanthrope ;* 1669, *Tartuffe.*

1661 BOSSUET, *Sermons de Carême.*

1665 LA ROCHEFOUCAULD, *Maximes.*

1664-1691 tragédies de RACINE, not. :
1667, *Andromaque ;* 1669, *Britannicus ;* 1676, *Phèdre.*

1668-1678 LA FONTAINE, *Fables.*

1669 GUILLERAGUES, *Lettres de la religieuse portugaise.*

1674 CORNEILLE, *Suréna* (t.).

BOILEAU, *Art Poétique.*

1675 RAPIN, *Réflexions sur la poétique de ce temps.*
RETZ *Mémoires* (a. ; éd. posthume 1717).

1678 Mᵐᵉ DE LAFAYETTE, *La Princesse de Clèves* (r.).

1688 LA BRUYÈRE, *Les Caractères.*

1690 RICHELET, *Dictionnaire.*

1691 FURETIÈRE, *Dictionnaire.*

1694 ACADÉMIE, *Dictionnaire.*

* Mot utilisé pour désigner ce courant à partir de 1820 seulement par des auteurs hostiles au Romantisme et défenseurs de l'esthétique du XVIIᵉ siècle.

Condition sociale des écrivains

Les auteurs sont surtout des bourgeois en cours de promotion : la petite bourgeoisie fournit les érudits, la bonne bourgeoisie et la noblesse modeste, les écrivains d'agrément et d'art ; quelques grands seigneurs écrivent (LA ROCHEFOUCAULD, RETZ). La littérature peut aider à faire carrière ; l'habitude s'établit de vendre les manuscrits aux libraires ou aux troupes de théâtre ; mais cette amorce d'indépendance ne suffit pas, et les intellectuels doivent servir des Grands qui les aident à vivre. Le mécénat royal sous Colbert tend à faire des lettres et des arts un service d'État consacré à la célébration de la grandeur royale. L'Académie française se voit attribuer des fonds par Louis XIV. Sont créées l'Académie des Inscriptions et Belles Lettres, l'Académie des Sciences, des académies de province (surtout à la fin du siècle).

Modes de diffusion de la littérature

Le commerce du livre, en expansion dans la première moitié du siècle, est plus rigoureusement réglementé par Richelieu, conscient du rôle idéologique et politique de la librairie : il faut une autorisation pour publier, puis republier, un texte. La littérature contestataire sera donc clandestine, ou imprimée à l'étranger (en Hollande surtout). L'éducation moyenne se répand, mais le Classicisme reste la littérature d'un public limité, surtout parisien, où les gens de la cour tiennent le premier rang.

La presse naissante (*Gazette de France, Mercure Galant, Journal des Savants*) diffuse vers la province et l'étranger les idées et le goût parisiens.

Tendances idéologiques

La littérature constate le déclin de l'idéologie et des ambitions aristocratiques, et la prépondérance de la monarchie, dont elle justifie les progrès. Elle met en forme des réflexions sur les obligations et la nature du pouvoir (CORNEILLE, RACINE). L'analyse des problèmes sociaux est plus restreinte que l'étude critique des mœurs et des caractères. Le Classicisme apparaît lié à un certain conformisme religieux, parfois comme adhésion profonde (BOSSUET) mais parfois aussi comme respect de principe, sous lequel couvent des conflits dissimulés (libertinage : LA FONTAINE ; jansénisme : RACINE), que révèlent certains affrontements avec les institutions de l'Église, moins conquérante qu'à la période précédente (affaire du *Tartuffe*).

Tendances esthétiques

Se constituent progressivement des *règles* du langage et de l'art littéraire (CHAPELAIN, BOILEAU). La règle des unités au théâtre (de lieu, de temps, d'action) est reprise des Anciens au nom de la raison. Tend à se constituer un code selon lequel la connaissance ne peut se fonder que sur le général, le beau sur le durable, le bienséant sur le non-original. Soumission à la norme établie, élaboration du «naturel» plutôt qu'imitation de la nature. Mais subtilement, ces règles portent leur propre négation : faites pour assurer le lien et la communication immédiate entre auteur et public, elles préconisent de plaire et de toucher, d'instruire en divertissant. Les auteurs les plus originaux peuvent donc moduler adroitement les impératifs des doctes, pourvu qu'ils entraînent l'adhésion des gens de goût.

Littérature, arts et savoirs

Le goût classique se manifeste dans les arts plastiques (ses expressions les plus achevées sont d'ordre pictural — Poussin — et architectural — Mansart —). Littérature et arts sont associés, en particulier à la cour de Versailles, dans le culte de la grandeur royale. Les fêtes de cour rassemblent, en une sorte de spectacle-total le goût classique et des productions marquées par le Baroque : ainsi des comédies-ballets, pour lesquelles auteurs et musiciens travaillent en commun (*Les Fâcheux*, 1661, de MOLIÈRE et Lulli) ; ainsi, peu après, de l'Opéra qui débute en France.

L'effort d'ordre et de rationalisation du Classicisme va de pair avec la diffusion de la pensée de DESCARTES (*Discours de la Méthode*, 1637) et de la *Logique* du groupe de Port Royal.

Formes littéraires principales

Les formes qui recourent à l'abondance verbale (épopées, romans) ont moins de succès après 1660 ; des formes plus concentrées prennent leur essor : nouvelle et roman psychologiques, poésie narrative brève comme la fable, maximes et portraits ; poèmes mondains et lettres (Mme DE SÉVIGNÉ) sont rarement publiés au-delà de cercles étroits. Moindre exaltation du moi ; roman, portraits, maximes affinent l'analyse sous des dehors plus impersonnels. La forme d'expression à son apogée est le théâtre. Son succès déborde le monde de la cour et des lettrés et atteint un public bourgeois, même provincial. Tragédie et comédie seront pendant longtemps des modèles admirés.

13 Littérature de colportage

XVIIᵉ - XIXᵉ siècles

La littérature des «grands auteurs» est celle d'un public restreint : tirer à 1 500 exemplaires est déjà un succès. A côté d'elle existe la littérature pour le grand nombre, qui évolue peu et très lentement, que diffusent en particulier les colporteurs (marchands ambulants) en milieu rural. Elle naît avec l'imprimerie, qui répand tout de suite des almanachs et des livrets, mais nous n'avons de renseignements cohérents qu'à partir du XVIIᵉ s. Très dynamique jusqu'au XIXᵉ s., cette forme de diffusion littéraire disparaîtra après 1850. Elle n'est pas la seule forme culturelle populaire : les chansons ou les contes appartiennent à une tradition orale, dont nous ne possédons aujourd'hui que des fragments.

● **L'ampleur et le mode de diffusion** de la littérature de colportage sont difficiles à décrire de façon précise. Elle échappe en grande partie à la réglementation qui s'efforce de la censurer ; elle échappe au marché contrôlé des librairies, pour se disperser en multiples points de vente ; paradoxalement, elle s'adresse à un public en grande partie illettré. On est sûr cependant de son abondance : plus d'une centaine d'imprimeurs, 70 centres de diffusion, surtout dans les provinces du Nord. Les plus célèbres sont : Troyes, où Nicolas Oudot imprime les brochures de la *Bibliothèque bleue* (son nom vient de la couleur du papier bon marché qui sert de couverture) ; Épinal, où les images et les *almanachs* de Pellerin tiennent lieu de journaux. Il s'agit de brochures de petit format et de peu de pages, assez grossiè-rement imprimées et illustrées, d'un prix de revient et de vente très bas, faciles à transporter.

● Son **répertoire** est à la fois **varié et pauvre.** Varié, parce que le livre populaire doit pourvoir à toutes les demandes éducatives et émotives d'un public non différencié. A côté des livrets de piété, on trouve les calendriers (utiles aux travaux agricoles), les recueils de recette médicales (magiques parfois, souvent empiriques et nourries de traditions populaires), les proverbes, les légendes et les romans d'aventures ; la prophétie y côtoie la recette de cuisine, l'*Art de bien mourir* le recueil de plaisanteries et des récits sur toutes les bizarreries possibles (prodiges, apparitions, comètes, meurtres en séries, etc.). Ce qui montre le mieux cette variété est le genre des *almanachs* (depuis le *Grand Compost ou Kalendrier des bergers,* né au XVᵉ s., jusqu'aux 110 titres du XIXᵉ s.) qui rassemblent dans un espace restreint toute cette encyclopédie populaire. Parmi les titres célèbres : *Le Messager Boiteux, l'Almanach des Flandres.* En un sens, la littérature de colportage reflète la culture ancestrale, transmise essentiellement par la famille et les femmes, éducatrices de l'enfance et organisatrices des veillées. Elle répète les principes essentiels de la sociétés : morale, famille, traditions. Elle nous montre aussi que la lecture n'est pas seulement le phénomène individuel que nous connaissons, mais un acte collectif, relayé par l'image, la conversation, l'habitude de voir sans cesse les mêmes signes symboliques (l'image et la lecture à voix haute compensent ainsi l'obstacle de l'analphabétisme). Si ce répertoire est assez pauvre, c'est que ses thèmes sont stables et en nombre limité, comme ceux des cultures orales traditionnelles. Les seuls renouvellements sont des variantes minimes. Les auteurs d'almanachs se pillent les uns les autres, et les mêmes textes (y compris les mêmes «nouvelles prodigieuses» qui se présentent comme d'une actualité brûlante!) se publient du XVIᵉ au XIXᵉ s.

● Son **statut est ambigu.** Certains de ses contenus ont appartenu lointainement à la culture des «élites», à des époques d'ailleurs où la culture était moins différenciée. Les vies de saints sont l'écho des mystères : les romans *(Les Quatre Fils Aymon, Robert le Diable, Griselidis, Geneviève de Brabant)* sont des produits tardifs ou des abrégés des romans de chevalerie ; les clefs des songes, *Le Grand* et *le Petit Albert,* sont les restes des formes médiévales de la science magique. L'introduction de nouveaux éléments est toujours tardive (les *Contes* de PERRAULT, ceux de Mᵐᵉ D'AULNOY, publiés en 1697 y font leur entrée au XIXᵉ s.) et prudente : les «conservateurs» du XIXᵉ s. ont accusé le colportage d'avoir perverti les campagnes avec la pensée révolutionnaire des philosophes : en fait, si cette pensée fut effectivement diffusée, c'est surtout par extraits isolés. Et, dans l'explosion révolutionnaire, les informations que faisaient circuler les colporteurs, ces journaux ambulants, et la situation économique furent assurément d'un plus grand poids que la littérature de colportage elle-même, d'ailleurs largement conservatrice.

14. La crise de la conscience européenne *

1680 - 1720

Les bases politiques et culturelles du XVIIᵉ s. classique se trouvent remises en question par des mutations d'ampleur européenne :

a

Des bouleversements idéologiques

— Crise des monarchies absolues, d'où un progrès de la *pensée politique et sociale* (influence anglaise) devant les difficultés politiques et économiques croissantes : c'est à la fois une étude des fondements du pouvoir (Locke, *Essai sur le pouvoir civil*, 1690) et une attention neuve à la réalité de la misère et des inégalités (FÉNELON, *Télémaque*, 1699 ; *Examen de conscience sur les devoirs de la Royauté*, 1711). Les échecs de la fin du règne de Louis XIV font prendre conscience des faiblesses de l'absolutisme (voir les *Mémoires* de SAINT-SIMON, entrepris à partir de 1691, mais publiés au début du XIXᵉ s.).

— Crise *religieuse*, en France notamment. L'église catholique est divisée : conflit du Quiétisme entre FÉNELON et BOSSUET, conflit des Gallicans et des Ultramontains sur les pouvoirs respectifs du roi et du pape, conflit entre le pouvoir et les Jansénistes (fermeture de Port-Royal). La révocation de l'Édit de Nantes (1685) entraîne la reprise des persécutions contre les protestants, et une recrudescence de virulentes querelles politico-religieuses.

— Naissance de grands *systèmes philosophiques* à l'étranger. Certes divergents, ils sont néanmoins non chrétiens et submergent le cartésianisme chrétien : panthéisme de Leibniz et de Spinoza, idéalisme de Berkeley, empirisme de Locke. La philosophie se sépare de plus en plus nettement de la théologie ; la critique historique des textes sacrés (Richard SIMON) attaque aussi les certitudes de la foi. La libre-pensée trouve les moyens critiques qui ont fait défaut au libertinage du début du XVIIᵉ s. avec lequel les écrits de SAINT-EVREMOND assurent un lien.

---

* Titre d'un ouvrage de P. Hazard, paru en 1935, qui étudiait cette période.

— Révolution dans le *domaine scientifique*, lui aussi affranchi des a priori théologiques : Newton, Halley, Leibniz, Huygens, font progresser l'astronomie, la physique, les mathématiques. Cette pensée scientifique moderne est vulgarisée dans l'œuvre de FONTENELLE (*Entretiens sur la pluralité des mondes*, 1686).

D'où, en tous domaines, un début de pensée critique fondée sur le culte du fait, l'expérience, le refus de toute subordination, la curiosité pour les innovations de la pensée (qui s'exprime notamment dans le très érudit *Dictionnaire historique et critique* de BAYLE, 1697).

L'évolution de la pensée est liée à une évolution des mœurs. Les récits de voyages, de plus en plus nombreux, incitent à la comparaison des différentes civilisations : habitudes et morale apparaissent relatives à un lieu, à un temps ; il ne saurait y avoir de normes absolues du Bien. Des valeurs nouvelles font leur apparition : la *Nature*, qui détermine le devenir de l'homme, le *Bonheur* terrestre, qui doit être son but, le *Progrès* par lequel chaque époque s'efforce de mieux réaliser ce bonheur collectif. D'où une morale nouvelle qui allie au libre exercice de la raison la réhabilitation du plaisir et de la sensibilité, sans que le nouveau modèle d'homme ainsi proposé ait rien de frivole : amour de la science, tolérance, mais aussi sens de ses intérêts, telles sont les tendances du nouvel esprit « philosophique » qui se forme alors.

b

Une littérature qui se cherche

Paradoxalement, alors que la France occupe un rang prépondérant en Europe, que le français devient la langue internationale de l'élite, et que se produit une intense réflexion sur l'art et sa nature, la création littéraire apparaît moins dynamique.

— La « *Querelle* » des Anciens et des Modernes (amorcée dès les années 1670, à son apogée vers 1690) oppose aux tenants des règles, des modèles et du respect absolu de la perfection de l'Antiquité (BOILEAU), ceux qui croient au progrès de la littérature (PERRAULT, *Parallèles des Anciens et des Modernes*, 1688-1697 ; FÉNELON, *Lettre à l'Académie*, 1714). Même la notion de Beau est en question : tandis que se maintient l'esthétique classique, se font jour des conceptions qui rendent la beauté relative à la pensée ou à la sensibilité du sujet qui perçoit (DU BOS, *Réflexions critiques sur la poésie et la peinture*, 1715).

— Les difficultés économiques et politiques de la fin du règne de Louis XIV n'ont pas laissé beaucoup de place à l'art. Avec la Régence et la reprise de l'essor économique, le mécénat peut lui redonner une place de choix dans une société qui s'enrichit. La littérature reste moins novatrice que la peinture (Watteau). Après la vogue brève, mais intense du conte de fées, la seule tendance littéraire en progrès est un retour au comique excentrique, critique et réaliste tout à la fois, influencé notamment par la verve *picaresque* (récits d'aventures, critiquant les mœurs, florissants en Espagne au XVIIᵉ s.). Romans (LESAGE, *Le Diable boiteux* 1707 ; *Gil Blas de Santillane*, 1715-1737) et comédies (REGNARD, *Le légataire universel*, 1708 ; LESAGE, *Turcaret*, 1709) sont peu classiques dans leur forme et surtout significatifs, par les milieux qu'ils dépeignent, de la revanche des gens d'affaire sur l'aristocratie.

15

La littérature des « Philosophes »

1720 - 1770

*La littérature vulgarise les principaux
thèmes scientifiques et moraux
de la «Philosophie des Lumières».
Il ne s'agit pas
à proprement parler de philosophie,
et encore moins de systèmes rigoureux :
c'est une attitude d'esprit
inspirée de la méthode scientifique,
cherchant à découvrir la vérité derrière
les ténèbres des préjugés,
à l'aide de la Raison illuminatrice.
Ruinant dogmes et métaphysique,
la pensée s'établit
dans l'utile et le concret.
L'extension du public, moins érudit,
fait qu'on est plus soucieux
d'application pratique que de théorie,
et d'actualité que d'éternel ;
l'essentiel est d'être utile
à la collectivité, en organisant
une nouvelle vision de l'univers :
le centre n'en est plus la religion,
mais l'homme, être libre et raisonnant.
L'essentiel du mouvement scientifique
n'est pas français,
mais la prééminence intellectuelle
et littéraire de la France
est telle qu'on parle alors
d' «Europe française».*

1721 MONTESQUIEU, *Lettres Persanes* (r.).

1734 VOLTAIRE, *Lettres Philosophiques.*

1747 VOLTAIRE, *Zadig* (c. ph.).

1748 MONTESQUIEU, *L'Esprit des lois* (id.).

1749 BUFFON, *Histoire naturelle.*

CONDILLAC, *Essai sur l'origine des connaissances humaines.*

1751 VOLTAIRE, *Le Siècle de Louis XIV* (h.).

1751-1780 DIDEROT, D'ALEMBERT, etc., *L'Encyclopédie.*

1755 ROUSSEAU, *Discours sur l'origine de l'inégalité.*

1756 VOLTAIRE, *Essai sur les mœurs.*

1759 VOLTAIRE, *Candide* (c. ph.).

1762 ROUSSEAU, *Le Contrat social* (id.), *Émile* (id.).

1763 VOLTAIRE, *Dictionnaire philosophique.*

1770 D'HOLBACH, *Le Système de la nature* (id.). RAYNAL, *Histoire des deux Indes.*

1772 HELVÉTIUS, *De l'Homme* (id.). DIDEROT, *Supplément au voyage de Bougainville* (id.).

Origine sociale des écrivains

Les origines restent diverses. Peu d'écrivains vivent de leur plume : la vente des manuscrits au forfait n'est pas très rentable. Continuation du mécénat royal, et surtout des «clientèles» des Grands et des riches Fermiers Généraux. Le meilleur pour vivre est de cumuler, comme VOLTAIRE, la fortune personnelle, les pensions et les affaires commerciales. Le groupe des gens de lettres reflète les tensions du monde social, mais une même aspiration crée son unité : le désir de la liberté de penser, ce qui constitue une attitude anti-conservatrice, et une prise de distance relative de ce groupe par rapport à ses soutiens sociaux; il rêve de devenir une conscience de la société (VOLTAIRE).

Modes de diffusion de la littérature

Les règlements de la librairie sont renforcés en 1723, et il faut toujours une permission pour imprimer; les livres «subversifs» (même MONTESQUIEU) sont imprimés à l'étranger. Grand rôle des salons parisiens, et surtout des académies provinciales très actives (9 en 1710, 24 en 1750), dans la diffusion d'une culture centrée sur la curiosité scientifique et ses applications pratiques. La part de la théologie décroît. Les idées nouvelles passent dans les journaux (*Journal de Trévoux* des Jésuites, *Journal des Savants*) et, sous forme plus fragmentaire, par les lectures publiques et le colportage. Influence dominante de l'Angleterre : écrivains (Swift), et philosophes (Locke et Hume).

Tendances idéologiques

Idéologie du progrès, de la tolérance et du bonheur matériel, contre toutes les contraintes de la monarchie (éloge des «monarchies tempérées» à l'anglaise), ou de la religion (vers un déisme sans église). Mais le mouvement philosophique n'est pas simple, et la persécution officielle intermittente gêne moins que la dispersion des thèses et l'ambiguïté de certaines conduites. Amenés à se préoccuper du fondement des privilèges, de l'inégalité des classes sociales, les philosophes trouvent une large audience auprès de la bourgeoisie; anti-absolutistes, un souci d'efficacité les fait pourtant collaborer au despotisme «éclairé» des souverains. Si l'*Encyclopédie* est condamnée pour son matérialisme en 1759, le déisme (qui admet l'existence d'un dieu mais récuse les religions) est une attitude de plus en plus fréquente.

Tendances esthétiques

Aux yeux du philosophe, l'utilité prime l'art; d'où une créativité «littéraire» limitée mais une réflexion accrue sur les valeurs de l'esthétique, la nature du Beau, ses modes de perception (intellectuelle ou sensible): DU BOS, DIDEROT. Alors que la notion de relativité s'impose en philosophie, on a peine à renoncer à l'idée d'un Beau absolu. D'où le maintien, très longtemps, des principes de l'art classique, devenu *le* modèle du Beau, enseigné dans les collèges, et perpétué surtout au théâtre (tragédies de VOLTAIRE). La poésie est le sujet de tous les débats (traduction, utilisation des Anciens) même si la production s'attache surtout au jeu mondain ou formel, et à la poésie de circonstance.

Littérature, arts et savoirs

La littérature des philosophes a peu de contact avec les autres arts (DIDEROT excepté, v. p. 52), mais nécessairement beaucoup avec les milieux scientifiques (D'Holbach, Helvétius, Buffon, Condillac pratiquent à la fois science et philosophie), les économistes (remise en cause des systèmes économiques anciens tels le Mercantilisme). Liens avec les doctrines de la Physiocratie (Quesnay), ou de l'Utilitarisme (Condillac, Adam Smith). Influence des récits de voyages et de découvertes (liés à l'expansion commerciale et coloniale), qui incitent à s'interroger sur l'anthropologie, les notions de «sauvage» et de «civilisé», le bien-fondé de l'esclavage.

Formes littéraires principales

Essentiellement une prose polémique dont le format varie du court pamphlet aux 28 tomes de l'*Encyclopédie*, qui est un dictionnaire méthodique et la somme des connaissances et aspirations nouvelles. Non codifiée, cette littérature est proche de l'essai, variée, et use volontiers des formes de l'ironie là où le didactisme choquerait sans convaincre. Les adversaires des «philosophes» (p. ex. FRÉRON) sont aussi actifs. Une correspondance intense entretient l' «européanité» du mouvement intellectuel dont Paris est le centre incontesté. Cette diversité reflète les trois tendances du mouvement : normatif, polémique, mondain. Le conte philosophique est la forme littéraire la plus originale qui puisse les exprimer toutes trois (VOLTAIRE).

16

La littérature « du cœur et de l'esprit »

1730 - 1789

*Cette littérature propage
une morale nouvelle à base
de sensibilité et de sensualisme,
dégagée tout à fait des impératifs
et dogmes religieux.
Son non-conformisme devient aussitôt
suspect d'immoralité.
Ce goût pour la liberté sentimentale
prend aussi la forme
d'une revendication sociale,
et dénonce les limites de l'optimisme
philosophique en ce qui concerne
les mœurs.
La vie privée devient
un sujet littéraire fréquent,
ainsi que la description
assez désenchantée
du cadre de vie contemporain.
Ces œuvres gardent
un souci moralisateur,
au moins apparent : si elles détaillent,
volontiers avec humour,
les « Égarements du cœur et de l'esprit »
(titre d'une œuvre
de CRÉBILLON fils, 1736),
et si elles abondent en scènes lestes,
elles y adjoignent des commentaires
souvent amers sur la corruption
de la vie sociale et morale.*

1730 MARIVAUX, *Le Jeu de l'amour et du hasard* (com.).

1731 PRÉVOST (Abbé), *Manon Lescaut* (r.).

1731-1741 MARIVAUX, *La vie de Marianne* (r.).

1735 MARIVAUX, *Le Paysan parvenu* (r.).

1741 DUCLOS, *Les Confessions du comte **** (r.).

1745 CRÉBILLON (fils), *Le sopha* (r.).

1746-1774 DIDEROT, récits : *Les Bijoux indiscrets*, 1748 ; *La Religieuse*, 1760, publ. posth. ; *Le Neveu de Rameau*, 1762, publ. posth. ; *Jacques le Fataliste*, 1774, publ. posth. Ces textes circulent par fragments avant la mort de l'auteur.

1761 MARMONTEL, *Contes moraux*

1775 BEAUMARCHAIS, *Le Barbier de Séville* (com.).

1782 LACLOS, *Les Liaisons dangereuses* (r.).

1784 BEAUMARCHAIS, *Le Mariage de Figaro* (com.).

1787-1791 LOUVET, *Les Amours du Chevalier de Faublas* (r.).

Origine sociale des écrivains

Gens de lettres d'origine surtout bourgeoise, mais peu attachés à leur classe, par goût de l'aventure (PRÉVOST) ou promotion vers l'aristocratie (BEAUMARCHAIS), ce qui explique que leur œuvre soit hardie en évitant deux conformismes : ni pur moralisme, ni pur libertinage, mais expérimentation d'une réflexion libre sur l'individu. Recoupent en partie le groupe des «philosophes», certains polygraphes s'exprimant dans les divers registres, avec des terrains de prédilection (MARIVAUX) ou une égale verve (DIDEROT).

Modes de diffusion de la littérature

Agrandissement considérable du public : l'alphabétisation est très avancée, surtout dans les villes, même chez les femmes. D'où de nombreuses éditions (15 pour DUCLOS, le plus lu et le plus copié), en petit format in-12 : le «petit roman» se répand partout et devient objet de consommation. La création de cabinets de lecture, où on peut louer des livres (1760), multiplie la facilité de lire et surtout aux journaux et aux romans. Création de collections suivies («Bibliothèque universelle des Romans», «Bibliothèque de Campagne») qui sortent un volume par mois, dont beaucoup d'adaptations et de traductions.
Influence du roman anglais (Fielding, Sterne) et de l'exotisme (traduction des *Mille et une Nuits* par Galland).

Tendances idéologiques

Vulgarisation de la partie «morale» de la philosophie des Lumières, accompagnant une déchristianisation assez générale. Cette littérature est aristocratique en ce qu'elle suppose l'attention à soi, le goût des facilités matérielles et du luxe. Mais le fait de situer les intrigues dans un cadre contemporain, de donner une image non conventionnelle des mœurs, donne au roman une fonction de critique sociale. Il montre en particulier crûment le rôle dominant de l'argent et les luttes pour la promotion sociale (personnages de parvenus dans les romans de MARIVAUX) : la liberté morale est sans emploi dans un monde dur, et la sincérité amoureuse constamment brimée par l'immoralité et les contraintes sociales. Le terme de «libertinage» (v. p. 39) y désigne plus particulièrement la liberté des mœurs (succès des textes érotiques : NERCIAT).

Tendances esthétiques

Aussi éloignées de l'esthétique du Beau que de celle du Sublime (v. p. 43 et 53). Quoique le roman soit méprisé, parce que lié au fabuleux, seule cette forme peut satisfaire le désir de réalité, par la minutie des analyses qu'elle permet et le décor qu'elle suppose : on écrit donc des «contes», des «nouvelles», des «lettres», des «histoires», pour masquer le romanesque. L'écrivain souvent y intervient pour commenter sa fiction. Dans la comédie le renouvellement est moindre et l'idéalisation du théâtre de MARIVAUX contraste avec sa production romanesque, plus «réaliste»; BEAUMARCHAIS opte pour le réalisme et l'agressivité politique.

Littérature, arts et savoirs

Un art plus facile se répand dans une clientèle privée appartenant à des milieux sociaux de plus en plus élargis. En réaction contre le style officiel louisquatorzien, la fantaisie retrouve ses droits, dans le style «rocaille» qui, en peinture et dans les arts décoratifs, vise à donner l'illusion du naturel mais repose sur l'apprêt. L'extension du public amène à valoriser des arts jusqu'ici mineurs, décoratifs; la peinture d'agrément (scènes de mœurs, fêtes galantes, scènes champêtres) est d'un réalisme encore restreint. Les illustrations de romans prennent un rôle important. Allégement du goût aussi à l'Opéra, avec les péripéties de la «Querelle des Bouffons» (1752) où les tenants de l'opéra «noble» s'opposent à ceux de l'opéra «bouffe» à l'italienne, qui s'approche de la comédie.

Formes littéraires principales

La forme romanesque qui, sous des noms divers, représente près de la moitié de la production littéraire, est en pleine créativité; invention du roman autobiographique, et du roman par lettres (autobiographies croisées) très en vogue. Ces formes tendent à exprimer totalement leur auteur et mettent en valeur des types de personnages et des thèmes dominants : la découverte par un être jeune et plein d'élans de la difficulté à s'accomplir pleinement dans un monde répressif, et des accommodements et tricheries dont il faut payer son insertion sociale; la révolte se résout en rêverie, en libertinage, ou se fait marginalisation sociale. Il faut noter le succès durable de ces formes narratives nouvelles.

17

Le goût pour le sentiment

1760 - 1800

*DIDEROT et surtout ROUSSEAU
sont les symboles d'une modification
radicale des sensibilités,
en se réclamant d'une vérité des passions
et en assignant à l'œuvre d'art
le but principal d'émouvoir.
L'émotion devient centrale,
déterminant
tous les actes humains, les liens sociaux,
mais aussi les liens
entre l'homme et la nature.
Elle est un moyen
de connaissance supérieur et toujours
juste, puisque
domine l'idée que la Nature est bonne :
à travers ses multiples nuances,
elle s'assortit donc sans trop de difficulté
d'un certain esprit « bourgeois »
(goût du travail, du mérite personnel)
et ne s'oppose pas à l'exercice
de la raison et de la réflexion.
Orienté vers le bonheur individuel
et collectif, ce mouvement s'efforce
de dépasser vers l'optimisme
les déceptions nées du contraste entre
le désir et la réalité ; il est cependant
un des premiers mouvements littéraires
du rêve et de la tristesse : on a parlé
parfois à son sujet de* pré-romantisme.[*]

1757 DIDEROT, *Le Fils naturel* (d.).

1757 Mme RICCOBONI, *Lettres de Miss Fanny Butler* (r.).

1759-1781 DIDEROT, *Salons* (id.).

1761-1782 ROUSSEAU, *La Nouvelle Héloïse*, 1761 (r.) ; *Les Rêveries du promeneur solitaire*, 1780, publ. posth. (a.). *Confessions*, 1782, composées sans doute à partir de 1760 (a.).

1765 SEDAINE, *Le Philosophe sans le savoir* (d.).

1772 GILBERT, *Le Poète malheureux* (p.).

1772 CAZOTTE, *Le Diable amoureux* (r.).

1779-1794 RESTIF DE LA BRETONNE, *La Vie de mon père*, 1779 (r.). *Les Nuits de Paris*, 1788-94 (r.).

1781-1790 MERCIER, *Tableau de Paris* (id.).

1782 DELILLE, *Les Jardins* (p.).

1787 BERNARDIN DE SAINT-PIERRE, *Paul et Virginie* (r.).

1790 SAINT-MARTIN, *L'Homme de désir* (id.).

[*] Expression forgée au XXe siècle.

Origine sociale des écrivains

Sans lien direct avec les tendances du goût, une mutation capitale se produit vers 1770 : l'auteur qui vend son manuscrit garde un droit sur les réimpressions et on lui reconnaît la propriété de son œuvre. La conception du personnage de l'homme de lettre qui doit éclairer la société s'instaure : début du vedettariat littéraire (VOLTAIRE, ROUSSEAU). Celui qui a du succès peut vivre de sa plume, et bien. En pratique, tous ont malgré tout besoin d'appuis, et cette indépendance est virtuelle. On trouve un peu plus d'auteurs issus de milieux modestes (ROUSSEAU, SEDAINE), et se développe un milieu d'intellectuels nécessiteux pour lesquels l'indépendance signifie difficultés et insatisfaction constantes (GILBERT). Cette situation pousse souvent les auteurs à développer les thèmes du « moi » malheureux : surtout, elle les invite à suivre le goût du public qui incline alors au sentimentalisme.

Modes de diffusion de la littérature

Favorisés par l'extension du public et les nouvelles conditions de lecture (v. p. 51). Si le mouvement qu'on peut appeler « Rousseauisme » représente une mutation réelle des mentalités, c'est qu'il possède une aptitude à cumuler les publics, à établir des systèmes réunissant sur des compromis plusieurs couches sociales. Avec 4 000 exemplaires, le premier tirage de *La Nouvelle Héloïse* est le plus gros du siècle. Début de la littérature morale pour enfants (Mme DE GENLIS).
Influence du roman anglais (Richardson) et de la poésie de la nature (Gessner, poète suisse).

Tendances idéologiques

Les auteurs sont le plus souvent des « philosophes » ou leurs disciples directs, mais ils n'en acceptent pas les valeurs immoralistes et individualistes. Leur œuvre vise essentiellement à mettre la personne en accord avec le monde, à fonder un nouveau moralisme du sentiment, qui s'oppose dans la pratique à l'observation précise qu'ils font de la violence et de l'originalité des passions. La société leur apparaît comme fondamentalement opposée à la morale, à la nature, à la bonté primordiale de l'homme ; aussi seront-ils plus révolutionnaires que la philosophie libérale. Leur foi dans la bonté de la création et du Créateur imprègne leurs œuvres de religiosité. Par cette religiosité et par la volonté de réforme sociale, ce mouvement se lie à l'expansion de la Franc-Maçonnerie (société en partie secrète qui a pour but de travailler au perfectionnement de l'humanité).

Tendances esthétiques

Abandon de la notion classique de Beau au profit d'une recherche de l'émotion, donc d'une forte participation du lecteur et d'une plus grande implication de l'écrivain dans son œuvre. L'esthétique du *Sublime* repose sur le dépassement dans l'émotion artistique des normes communes. La notion de « Génie », désormais appliquée à l'écrivain créateur et liée aux notions de nature et d'enthousiasme, privilégie l'improvisation sous la dictée des passions plutôt que la composition réfléchie. Pour la première fois dans l'histoire de l'esthétique, s'affirment nettement des valeurs individuelles « modernes » (qui refusent de se conformer à une tradition immuable). En rapport avec la traduction d'œuvres anglaises, ce sont les thèmes (jardins, clairs de lune, etc.) qui évoluent plus que la forme (qui est néoclassique).

Littérature, arts et savoirs

La critique d'art de DIDEROT montre la convergence de l'esthétique littéraire avec la nouvelle école de peinture (Fragonard, Greuze, Hubert Robert) : composition plus dynamique et plus colorée, thèmes traités avec pathétisme. Une nouvelle vision de la nature s'impose : jardins à l'anglaise, goût pour les ruines, pour le pittoresque et les contrastes entre le suave et le terrifiant, inspirent la sensibilité et la rêverie. Après l'abandon du goût italien (succès de l'*Orphée* de Gluck à l'Opéra en 1774), la sensibilité musicale évolue vers un « préromantisme », (Mozart ou Haydn). Plus que vers une philosophie précise, c'est vers le mysticisme et l'occultisme que la fin du siècle tournera sa curiosité (Mesmer, SAINT-MARTIN).

Principales formes littéraires

Un genre nouveau : le *drame*. En principe voué au réalisme psychologique et social, en pratique au moralisme et au sentimentalisme (comédie larmoyante de Nivelle de LA CHAUSSÉE). Le roman connaît les mêmes contradictions ; il est pris entre l'élan novateur (voire révolutionnaire) et un nouveau conformisme du sentiment : les œuvres les plus neuves sont aussi celles qui ont l'écriture la plus stéréotypée (BERNARDIN, RESTIF). En revanche, l'autobiographie avouée (ROUSSEAU) ou voilée (RESTIF) donne naissance à un style nouveau. La description des paysages recherche le pittoresque (déjà appelé « romantique »), et l'exotique sous l'influence de nombreux récits de voyages. Les techniques de la description sont mises au point, ainsi qu'une sorte de répertoire des paysages types, associés à certaines émotions (montagnes, lacs... chez ROUSSEAU not.).

18 Tendances générales du XIXᵉ siècle

A partir de la Révolution de 1789, un siècle durant, des bouleversements profonds, générateurs de crises, de révolutions et de coups d'État (1789, 1848, 1851, 1871), remodèlent la société : fin des privilèges d'Ancien Régime, accession de la bourgeoisie au pouvoir, naissance du prolétariat ouvrier. Ils transforment les pratiques politiques (monarchies constitutionnelles, républiques, parlementarisme) et l'économie (révolution industrielle, essor urbain). Les modifications sociales suscitent des modifications idéologiques : la domination de la noblesse est remplacée par celle des *notables*, l'idéologie aristocratique n'est plus qu'une nostalgie, remplacée par une idéologie bourgeoise fondée sur la croyance au progrès, au profit, à la morale. Mais la bourgeoisie n'est pas une classe homogène et son arrivée au pouvoir révèle les conflits internes qui la divisent.

A l'égard des questions culturelles et littéraires, quatre phénomènes modifient les attitudes du public, la circulation des idées et la situation des écrivains : une extension massive de l'instruction, de nouveaux moyens de diffusion qui s'adressent à un public élargi, l'évolution du statut des écrivains et l'émergence d'une nouvelle sensibilité.

a

Extension massive de l'instruction

- Le XIXe s. est le temps de **l'alphabétisation généralisée** des Français. A partir de la Révolution, cela devient l'enjeu de débats politiques virulents : l'éducation doit-elle être dispensée par l'État ou par les institutions religieuses ? doit-elle être ouverte à tous ou seulement à une élite moyenne ? Ces questions trouvent leurs réponses dans plusieurs lois scolaires : création des lycées par l'Empire, réglementations scolaires de 1833 et 1849, loi Ferry de 1883 qui institue l'École primaire laïque, gratuite et obligatoire.

- L'éducation dispensée par les lycées privilégie l'enseignement littéraire ; mais le XIXe s. voit une expansion générale de la notion même de **sciences**. Toutes les disciplines progressent et chaque branche du savoir tend à se constituer en une science autonome. Une connaissance de type encyclopédique n'est plus possible pour un individu. Le développement des sciences exactes influe sur la pensée philosophique, où les systèmes matérialistes et scientifiques se renforcent. Plus largement, il influe sur tous les mouvements intellectuels (se manifestant aussi bien dans le goût du document vrai ou le goût pour une poésie rigoureuse que dans l'exaltation de la science comme facteur de progrès).

b

Nouveau public, nouveaux moyens de diffusion

- L'institution littéraire va donc devoir s'adapter dans une société nouvelle à un **public grandissant**. Jusque-là, la littérature s'est écrite dans et pour un milieu de privilégiés. Or le nouveau public, s'il n'est pas sans culture (le colportage dans les campagnes, les cabinets de lecture dans les villes, la tradition orale et la lecture publique, ont contribué au développement d'une culture populaire, v. p. 44), n'a ni les loisirs ni les moyens financiers, ni la formation poussée qui permettent un accès direct à la culture savante.

- Les besoins de ce nouveau public seront comblés par une **diffusion massive** (création de collections romanesques de *grande série*) et **la presse** qui devient un moyen culturel incomparable. Son emprise sur le public peut se voir par exemple au fait que les penseurs ou hommes politiques issus du journalisme sont de plus en plus nombreux au cours du siècle. Quelques étapes :

— en 1835, Émile de GIRARDIN crée *La Presse*, premier journal à grande diffusion à un prix très modeste ; il y fait une part à la littérature avec le roman feuilleton. Ce système bénéficie d'un grand succès et est aussitôt imité. C'est par le journal que des romanciers aussi variés et aussi prestigieux que BALZAC, DUMAS, SUE, FLAUBERT diffusent nombre de leurs œuvres;

— à partir de 1870, les innovations techniques permettent un tirage massif (300 000 exemplaires); on passe de la vente par abonnement à la vente au numéro. Les revues et les magazines se multiplient en direction de publics spécifiques, mélangeant l'information pratique et le roman, en particulier pour le public féminin et le public jeune (p. ex. *Journal des dames et demoiselles, Le Magasin d'édu-*cation et de récréation qui publie Jules VERNE).

Mais en même temps qu'il favorise la diffusion du littéraire, le journalisme l'oblige à se modifier pour répondre aux horizons d'attente de publics diversifiés, plus pressés, plus avides d'information contemporaine. Après avoir favorisé le roman réaliste, le journal pousse à une séparation des fonctions : l'information sur le monde devient le fait proprement journalistique, tandis que la partie littéraire du journal donne dans la fiction d'évasion et l'idéalisation stéréotypée. L'authentique création littéraire n'y a alors plus de place.

C

Un nouveau statut pour l'écrivain

Avec l'Ancien Régime disparaît le mécénat : en conquérant la reconnaissance des droits d'auteurs (v. p. 53) et la possibilité de vivre de leur plume, les écrivains ne sont plus contraints de confondre leur pensée et les aspirations de la classe dominante. Mais ils tombent alors dans la nécessité de traduire les aspirations collectives, ou de se rattacher à un public particulier, et se soumettent par là aux lois du marché commercial qui les cote comme des valeurs en bourse. Quelques exemples de ces servitudes implicites montrent que : un volume de HUGO tiré à 2 500 exemplaires est payé 3 000 à 4 000 F à l'auteur; un volume de BALZAC ou SUE tiré à 1 200 exemplaires est payé 1 000 F à l'auteur; un volume de MUSSET tiré à 500 à 900 exemplaires est payé 200 à 500 F à l'auteur. Ce système consacre le triomphe du roman, et pousse à la marginalisation les poètes moins adaptables.

La place des écrivains dans la société est néanmoins loin d'être négligeable : qu'ils soient considérés comme des faiseurs d'opinion, des leaders politiques (LAMARTINE), voire des symboles vivants comme HUGO, une collectivité se reconnaît en eux. L'école d'ailleurs contribue à forger dans les mentalités l'image de l' «écrivain grand homme».

d

Évolutions et contradictions des sensibilités

La situation des écrivains et des artistes est cependant paradoxale : ils sont admirés, mais en même temps tenus pour suspects par une bourgeoisie qui recherche d'abord le divertissement et l'ordre moral. Ainsi, lorsqu'ils prennent la défense d'idéaux politiques ou humanitaires, les auteurs constatent le clivage entre leurs aspirations et la réalité observée, leurs désirs d'action efficace et l'impuissance à laquelle ils sont réduits, la générosité individuelle et l'égoïsme des classes au pouvoir. Cette contradiction est violemment ressentie par ceux qui refusent de se conformer à l'idéologie bourgeoise établie, et leurs œuvres s'imprègnent de pessimisme. Ils ont le sentiment d'être incompris, se sentent isolés, et tendent à former entre eux un milieu clos. Ils privilégient l'expression de leur angoisse devant la vie, ce qui constitue un lien profond entre des mouvements divers et complexes, que leurs principes esthétiques semblent séparer.

Ce mal de vivre ou *mal du siècle,* en germe dans le rousseauisme, trouve sa pleine expansion chez les Romantiques (Musset, Nerval p. ex.), se prolonge avec le *Spleen* de Baudelaire et, à la fin du siècle, dans les attitudes «décadentes». Même les récits réalistes en portent l'empreinte (la vie des héros de Flaubert, p. ex., est souvent faite de rêves déçus et de désespoir).

Ainsi le XIXe siècle est marqué par des contradictions qui s'affrontent parfois dans la conscience d'un même individu. On y a le sentiment de vivre une époque de bouleversements sociaux, riche d'espoir en un progrès collectif (technique, économique, politique...). Mais les déceptions et l'ennui devant la platitude de la réalité quotidienne poussent les artistes et une partie du public à se tourner vers le passé historique (temps bibliques, Moyen Age) ou individuel (thème de l'enfance), l'idéal, la religion, ou les tréfonds du psychisme (goût pour le rêve, obsessions morbides). Cette quête de valeurs où l'individualité puisse trouver son épanouissement et ces inquiétudes sont perceptibles tout au long du siècle et se font encore sentir au XXe.

19 Goût pour l'antique et genèse du «Romantisme»

1780 - 1820

a

L'idéal antique au service des passions

● **La Révolution,** qui éclate en 1789 après dix ans de crise économique et politique, est largement liée du point de vue idéologique au mouvement philosophique et à un versant du *Rousseauisme* (instinct guidé par la raison, vertu, déisme, bonheur, justice), qui trouve son aboutissement dans *La Déclaration des droits de l'homme et du citoyen*. Tout en affirmant le succès des vues et aspirations de la bourgeoisie, elle porte à son apogée une expression artistique nommée de nos jours «néo-classicisme»*. L'art est alors marqué par le goût du beau à l'antique, et la recherche d'une plus grande mesure et d'une simplification tant dans la peinture et l'architecture que dans le costume féminin. La Grèce et Rome sont à la mode (découverte de Pompéi, goût pour les ruines), mais on veut affirmer, à travers ces formes du passé, des valeurs très modernes dont on croit trouver l'origine dans l'Antiquité: simplicité, héroïsme, État, grandeur, Patrie. La meilleure illustration en serait l'œuvre et le rôle politique du peintre David. La littérature elle-même est peu créatrice : André CHÉNIER, guillotiné en 1794, est le seul grand poète de cette «antiquité moderne»; son frère Joseph adapte la tragédie au *drame* politique et historique (*Charles IX*, 1789). Mais les discours des grands *orateurs* de la Révolution (DES-MOULINS, DANTON, ROBESPIERRE, SAINT-JUST), nourris de rhétorique et d'histoire romaine, sont une forme où le didactisme politique retrouve violence et passion. Parallèlement naissent des journaux plus passionnés encore, et plus populaires, comme *L'Ami du Peuple* de MARAT ou *Le Père Duchesne* de HÉBERT.

---

* L'emploi du terme en ce sens date de 1972.

• **L'Empire** (1804-1815) hérite du mouvement néo-classique où il trouve un appui (idéologie de l'ordre et de l'État), et les guerres napoléoniennes le répandent en Europe avec les idées libérales du XVIIIe s. Cet amalgame permet de comprendre que le goût néoclassique devienne progressivement une arme de l'opposition libérale contre l'Empire autoritaire (Benjamin CONSTANT, les Idéologues tels CABANIS ou DESTUTT DE TRACY réunis par la femme de CONDORCET après la mort de celui-ci), puis contre la Restauration : jusqu'en 1830, les démocrates seront, dans le domaine artistique, néoclassiques.

b

Les manifestations de l'inquiétude d'une génération

Le néoclassicisme s'est allié temporairement à ce qui était en fait la nouveauté radicale de la fin du XVIIIe s. : l'esthétique du sublime héritée de DIDEROT, et l'autre versant du Rousseauisme : le sentiment, l'inquiétude, l'étude du Moi. L'influence allemande (mouvement *Sturm und Drang* de Goethe et de Schiller) et anglaise (Gray, Young), puis le retour en force du catholicisme sous l'Empire, enfin une réaction violente contre tout ce qui rappelle la Révolution, vont aider à cultiver et à transformer en esthétique la violence, le «vague des passions», le surnaturel. Avant le triomphe du Romantisme, diverses recherches en ce sens apparaissent, œuvre d'une génération d'écrivains (et de lecteurs) qui renient de plus en plus l'acquis «philosophique» du XVIIIe s.

• La littérature s'imprègne de **violence.**
— Une place particulière est à réserver à SADE, chez qui les stéréotypes rousseauistes sont métamorphosés par l'humour noir et l'athéisme militant ; le délire obsessionnel (érotisme et cruauté, composantes du «sadisme») aboutit à une subversion qui explique les interdits qui ont immédiatement frappé son œuvre et sa personne (20 ans d'enfermement sous trois régimes différents…).

— Naissance du *mélodrame* (PIXÉRÉCOURT ; répertoire des théâtres du Boulevard du Temple qui en garde le nom de «Boulevard du Crime»), où l'action mouvementée se soutient par des effets pathétiques outrés. Le mélodrame est souvent l'adaptation scénique de romans, en particulier du *Roman Noir*, qu'illustrent des écrivains anglais comme Ann Radcliffe, Maturin, Lewis, Mary Shelley. Des romanciers très féconds tireront ensuite de ce mélodrame des romans pour jeunes filles en mal de rêve (p. ex. DUCRAY-DUMINIL, *Coelina ou l'enfant du mystère*, 1798).

• Un retour aux **valeurs nationales et religieuses** se traduit par :
— la redécouverte des *littératures nationales anciennes,* surtout celtiques (succès des œuvres de l'écossais Mac Pherson, qui publie dès 1761 des poèmes riches de mythes nationaux sous le nom d'Ossian, barde écossais légendaire, mais qui sont traduits en français par BAOUR-LORMIAN en 1801 seulement). Par elles s'amorce un

retour aux valeurs historiques nationales et aux mythologies. Par elles aussi un retour à l'épopée et un engouement pour toutes les sources «nordiques» (Mme de STAËL, *De l'Allemagne* (id.), 1810);

— outre le renouveau catholique, accentué par les débuts de la Restauration qui se veut un retour à l'Ancien Régime, se développent de nombreuses formes de *religiosité*, marquées d'archaïsme, de tradition, d'occultisme, du vague des passions antirationnel, et qui peuvent satisfaire l'appétit de mystère et de mysticisme (succès de Swedenborg, de SAINT-MARTIN; recherches de FABRE D'OLIVET);

— une réflexion sur les forces historiques met en valeur *l'étude des groupes humains;* elle est d'abord faite par des modérés de la Révolution comme VOLNEY (*Les Ruines ou Méditations sur les révolutions des Empires,* 1791) ou CONDORCET (*Tableau historique des progrès de l'esprit humain,* 1793); puis par des catholiques anti-révolutionnaires, qui vont devenir les penseurs officiels de la Restauration, du conservatisme politique et social, notamment de BONALD (*Essai analytique sur les lois naturelles de l'ordre social,* 1800), de MAISTRE (*Essai sur les principes générateurs des constitutions politiques,* 1808; *Soirées de Saint-Pétersbourg,* 1821).

• L'expression du **mal de vivre** est particulièrement nette:

— Le *malaise* de la sensibilité obscurcit toutes les valeurs et toutes les formes de l'action; l'impression d'être vieux et déçu alimente certains romans (SENANCOUR, *Obermann,* 1804; Mme DE STAËL, *Corinne,* 1807; CONSTANT, *Adolphe,* 1816, mais conçu en 1806).

— L'œuvre de CHATEAUBRIAND est la synthèse des aspirations de cette époque confuse, partagée entre les désordres du moi et une politique d'Ordre: *Le Génie du christianisme* (id.), 1802; *René* (r.), 1802; *Les Martyrs* (r.), 1809; *Mémoires d'Outre-Tombe,* publ. posth. par le journal *La Presse* en 1849-1850.

20

Le mouvement «romantique»

1820 - 1850

Le mot de «Romantisme»
indique une conception de la vie
«digne du roman», faisant de l'homme
un héros dont la sensibilité
règne sur le monde.
Trait important des mentalités
à cette époque,
affectant toutes les formes
de l'expression artistique,
il affirme la primauté de l'émotion
sur l'intellectualité,
et la profonde poésie de la vie.
Il porte son attention
sur l'individu (le moi),
recherche le dépaysement spatial
(goût pour l'exotisme),
temporel (goût pour l'histoire),
social (intérêt pour le peuple,
que ces auteurs connaissent mal
d'ailleurs et mythifient souvent),
et religieux
(goût pour le mysticisme,
pour le sacré qui offrent un refuge
contre la médiocrité sociale).
Les auteurs s'illustrent
dans des genres variés;
certains sont plus spécialisés (v.p. 64).

1820 LAMARTINE, *Méditations poétiques.*

1822 HUGO, *Odes.*
VIGNY, *Poèmes.*

1822-1844 NODIER, *Contes.*

1823 STENDHAL, *Racine et Shakespeare* (id.).

1826 VIGNY, *Cinq-Mars* (r.).

1827 HUGO, *Cromwell* (d., importante préface).

1829 HUGO, *Orientales* (p.).

1830 HUGO, *Hernani* (d.).

1831 HUGO, *Notre-Dame de Paris,* (r.).
DUMAS (père), *Antony* (d.).

1833 George SAND, *Lélia* (r.).

1833-1846 MICHELET, *Histoire de France*
(jusqu'à Louis XI).

1835 MUSSET, *Nuits* (p.); *Lorenzaccio* (d.).
VIGNY, *Chatterton* (d.).

1838 LAMARTINE, *La Chute d'un ange* (p.).

1840 Flora TRISTAN, *Promenades dans Londres*
(id.).

1847 LAMARTINE, *Histoire des Girondins.*

1851 NERVAL, *Voyage en Orient.*

1854 NERVAL, *Les Filles du Feu* (p.); il écrit
Aurélia (a.) (publ., posth. 1865).

1856 HUGO, *Les Contemplations* (p.).

1859-1883 HUGO, *La Légende des Siècles* (p.).

1862 HUGO, *Les Misérables* (r.).

Origine sociale des écrivains

Le Romantisme, mouvement de jeunes gens dans une société où le renouvellement démographique entraîne une importance accrue de la jeunesse. Au début, les auteurs souvent d'origine aristocratique, donnent au mouvement un caractère anti-bourgeois. Sauf exception, ces auteurs n'ont pas connu l'Ancien Régime; la carrière littéraire est un moyen d'affirmer leur refus des pouvoirs en place, un conflit de générations. L'établissement définitif du système des droits d'auteurs permet à certains de vivre de leur plume; d'autres sont fonctionnaires (NODIER bibliothécaire, MICHELET et QUINET professeurs d'Université). Le Romantisme a ses propres salons autour de ses chefs : chez NODIER à l'Arsenal, chez HUGO (le «Cénacle»).

Modes de diffusion de la littérature

Il se développe à Paris. En province, il est plutôt un snobisme que l'on imite; il y suscitera un regain d'intérêt pour le folklore. Son succès auprès d'un public bourgeois est en apparence paradoxal : cela tient à sa capacité à développer des émotions assez stéréotypées pour que le public les assimile facilement. Si Hugo obtient une audience populaire et durable, il reste une exception. La critique est parfois réticente, les liens avec le journalisme littéraire sont étroits (*La Revue des deux Mondes* de BULOZ).
Influences allemandes (Novalis, Hoffmann, Schiller) et anglaises (Byron, Shelley) : le mouvement se développe en France alors que dans ces pays il a déjà atteint son apogée.

Tendances idéologiques

Sous la Restauration il exprime l'angoisse de vivre des milieux ultra-royalistes. Le «mal du siècle» est fait d'un sentiment d'échec, d'impuissance à imposer des valeurs authentiques dans une société dominée par l'argent. Après 1830, la monarchie de Juillet déçoit par son caractère bourgeois : à son libéralisme, des Romantiques opposent la légitimité du peuple et glissent vers la «gauche» : idéalistes humanitaires et populaires, ils sont sensibles au malaise social (paupérisation et agitation des villes) et aux révolutions européennes (révolte polonaise de 1830, agitation en Italie, etc.). L'échec de la Révolution de 1848 signifie la fin de ces espérances. Sauf exceptions (LAMARTINE, HUGO) la sensibilité romantique est trop marquée par le désespoir pour se traduire en un engagement politique énergique.

Tendances esthétiques

Les Romantiques se font une idée très haute de l'art et du génie, qui doivent atteindre la Vérité par l'exploration du Moi. Le «je» des textes tend de plus en plus nettement à l'autobiographie. L'imaginaire est exalté; et sous l'influence des courants religieux, la poésie se veut Révélation et le poète un «guide». Refus des règles, formes et convenances classiques, et désir de transposer dans l'art ce qui est dans la nature : le laid, l'horrible, le terrible ont autant de place que le Beau dans cette esthétique (not. au théâtre, avec l'influence du drame shakespearien). Le vocabulaire s'élargit, les jeux de sonorités prennent de l'importance en poésie.

Littérature, arts et savoirs

Un milieu «artiste» se constitue : écrivains, musiciens, peintres, sculpteurs s'y rencontrent. Unis par leur jeunesse et leurs goûts, ils sont divisés sur leurs options politiques. C'est le lieu des provocations vestimentaires et pittoresques, mais aussi le premier monde littéraire marginalisé. Les peintres (Delacroix), les musiciens (Berlioz, Chopin, Liszt) ont une esthétique fondée sur la sensibilité. Le Romantisme emprunte aux historiens (v. p. 65), et à la religion ses moyens d'expression symboliques et mythiques. Conscience que l'individu est déterminé par sa situation historique, et qu'un «éternel humain» est une illusion. Le Romantisme est aussi une affirmation de l'individualité et de la liberté.

Principales formes littéraires

Les Romantiques tentent d'imposer leur esthétique au théâtre, là où la tradition classique avait son point fort : en 1830, la première représentation d'*Hernani* est une «bataille» d'injures entre «classiques» et «Jeunes-France» (jeunes romantiques). Mais, en dépit de grands succès (*Antony* de DUMAS), vers 1840 la tragédie classique fait à nouveau l'objet de représentations nombreuses. L'expression privilégiée reste la poésie : goût pour les formes lyriques, les adjectifs colorés, la rhétorique. La thématique est celle de la violence des sentiments, de la mélancolie et de la rêverie. Les personnages féminins sont idéalisés, les personnages masculins typés dans la révolte, le désespoir, la conquête, la passion ou le mysticisme. Éclosion de la littérature fantastique qui emprunte à la fois au folklore, au roman noir et aux visions du rêve.

21 Le «Romantisme» : diversité des tendances

1820 - 1850

Mouvement de sensibilité plus qu'«école littéraire» au sens strict, le Romantisme ne comporte pas en son sein de courants divergents à proprement parler. Mais tandis que certains auteurs recherchent, par la variété de leurs écrits, la réalisation d'une synthèse de toutes les connaissances, émotions et formes d'expression, d'autres privilégient certains thèmes ou certains genres. Les caractères généraux du mouvement, décrits p. 62, s'appliquent donc aux auteurs mentionnés ci-dessous de même qu'aux romanciers romantiques, (v. p. 66), qui cependant se distinguent par des insistances particulières.

a

Utopies sociales

Mysticisme et révolution sociale s'allient dans une série de poèmes ou d'épopées qui chantent le progrès et la rénovation de l'humanité, dans une nouvelle religion, une nouvelle société fondées sur l'Amour et capables de sauver même l'Enfer.
Citons : BALLANCHE (*Palingénésie Sociale*, 1827 ; *La Ville des expiations*, 1832), SOUMET (*Divine Épopée*, 1840), QUINET (*Napoléon*, 1836). Il n'y a pas là d'analyse politique à proprement parler, de ré-flexion rationnelle sur le pouvoir et le droit ; mais la pensée politique est alors plus généreuse que méthodique, comme on peut le voir dans le «socialisme utopique» de SAINT-SIMON, de FOURIER, de LEROUX, voire de PROUDHON. La Révolution de 1848 leur empruntera nombre de ses thèmes. Assez proche de ce mélange, le catholicisme social (LAMENNAIS, MONTALEMBERT).

b

Le «Romantisme noir» (nommé aussi «gothique»)

Il est l'héritier direct du roman noir et du mélodrame du XVIIIᵉ s. Bien qu'il recherche l'originalité en donnant dans l'excès, son répertoire des situations violentes est surtout fait de stéréotypes (châteaux solitaires, paysages nocturnes, héros du mal et du désespoir, cauchemars, assassinats), répertoire toujours opérant, et qui ensemencera durablement la littérature des XIXᵉ et XXᵉ s. Dans ces œuvres souvent brèves (contes, nouvelles), la morbidité et l'inquiétude sont exacerbées. Tous les auteurs cèdent à sa fascination (HUGO, BALZAC, GAUTIER); citons plus particulièrement, avec NODIER, initiateur du genre, Pétrus BOREL (*Champavert*, c., 1833) et Aloysius BERTRAND (*Gaspard de la nuit*, 1842), promoteur du poème en prose.

c

Le roman historique

Si les historiens (QUINET, MICHELET) joignent sans cesse l'épopée symbolique à l'histoire, les romanciers empruntent au cadre historique contemporain ou passé l' «épaisseur de vérité» qui fait que le roman peut représenter, au-delà de son héros fictif, toute une société. Le passé jouit du privilège supplémentaire de la nostalgie et de l'exotisme : le succès de l'écossais Walter Scott sera continué en France par Alexandre DUMAS père, le maître du genre (*Les Trois Mousquetaires*, 1844).

d

Le roman-feuilleton

La vraie synthèse du Romantisme se réalise sans doute dans les œuvres d'auteurs comme HUGO, George SAND ou BALZAC; mais celles qui ont le plus de succès, ce sont les *romans-feuilletons*. Ils puisent dans tous les répertoires de types et de stéréotypes pour dessiner des univers manichéens où le lecteur se retrouve facilement malgré des intrigues foisonnantes : méchants bruns, beaux et cruels, aussi solitaires que leurs ennemis, sauveurs magnanimes et charitables, héroïnes blondes et pures. Sous ces signes simples, le message est véhément et les sujets abordés graves : villes pourries par la misère sociale qui engendre le crime, abandon moral et matériel où se débattent l'enfance et la vieillesse, brutalité des mœurs, asservissement de la femme, universelle déchéance des âmes et des corps. Le roman-feuilleton propose des remèdes : charité, justice, amour, révolution sociale, voire socialisme, en se montrant confiant dans la solidarité et le progrès. Quelques œuvres marquantes : Eugène SUE (*Les Mystères de Paris*, 1842; *Les Mystères du Peuple*, 1848-1857); Frédéric SOULIÉ (*Les Mémoires du Diable*, 1837); PONSON DU TERRAIL, (*Rocambole*, 1859); Paul FÉVAL (*Les Mystères de Londres*, 1844).

22

Réalismes et «Naturalisme»

1830 - 1900

Il n'y a pas à proprement parler d'école réaliste avant 1850 où CHAMPFLEURY en amorce la théorie, et 1857 où le scandale causé par Madame Bovary fait de FLAUBERT le chef de file de cette nouvelle tendance; mais la pratique existe dès 1830. Par le roman, le XIXe s. tente une description encyclopédique du réel. Lier écriture et réalité montre l'importance nouvelle accordée aux forces matérielles : leur analyse paraît essentielle pour atteindre la vérité psychologique et comprendre l'être social. Désormais les fictions ont des cadres spatiaux et temporels proches de ceux du lecteur (ou historiquement exacts) et se déroulent dans tous les milieux sociaux. Ces auteurs estiment qu'aucune exclusion esthétique ou morale ne doit empêcher de traiter un sujet vrai. L'école naturaliste, après 1870 ne fera qu'ajouter des visées scientifiques à ces principes, et affirmer sa croyance en une littérature capable d'apporter une connaissance positive du réel.

1830 STENDHAL, *Le Rouge et le Noir* (r.).

1834 BALZAC, *Le Père Goriot* (r.).

1839 STENDHAL, *La Chartreuse de Parme* (r.).

1842 BALZAC regroupe ses romans sous le titre *La Comédie humaine* (dont *Eugénie Grandet*, 1833; *Illusions perdues*, 1837).

1847 MURGER, *Scènes de la vie de Bohême* (r.).

1856-1857 Parution de la revue *Le Réalisme*, animée par DURANTY.

1857 FLAUBERT, *Madame Bovary* (r.). CHAMPFLEURY, *Le Réalisme* (id.).

1865 GONCOURT, (E. et J. de), *Germinie Lacerteux*, (r.).

1869 FLAUBERT, *L'Éducation sentimentale* (r.).

1871-1893 ZOLA, *Les Rougon-Macquart* (r.). (dont *l'Assommoir*, 1877; *Nana*, 1880; *Germinal*, 1885).

1873 DAUDET, *Contes du Lundi*.

1880 ZOLA, *Le Roman expérimental* (id.).

1880-1890 MAUPASSANT, contes, nouvelles (dont *Boule de Suif*, 1880); romans (dont *Bel-Ami*, 1885; *Pierre et Jean*, 1888).

1881 VALLÈS, *L'Enfant* (r.).

1882 BECQUE, *Les Corbeaux* (d.). HUYSMANS, *A vau-l'eau* (r.).

1894 RENARD, *Poil de Carotte* (r.).

1900 MIRBEAU, *Le Journal d'une femme de chambre* (r.).

Condition sociale des écrivains

Mises à part les prétentions aristocratiques de BALZAC, c'est une époque surtout d'auteurs bourgeois ; quelques-uns sont parfois authentiquement issus du peuple (Agricol PERDIGUIER, *Mémoires d'un compagnon*, 1854). George SAND encourage des artisans et des «compagnons» à écrire. Le roman permet à son auteur de vivre de sa plume, dans la mesure où il trouve un public assuré (un feuilleton peut atteindre 100 000 lecteurs). Le mouvement réaliste supplante progressivement le romantisme dans la fabrication d'auteurs vedettes ou de points de référence pour la conscience politique (rôle de ZOLA, à la fin du siècle, dans l'affaire Dreyfus).

Modes de diffusion de la littérature

Le Réalisme bénéficie de l'alliance entre la littérature et le journalisme qui leur assure une diffusion. L'une et l'autre deviennent des données culturelles fondamentales. Dans la chanson populaire, même courant réaliste prépondérant. Le livre est de plus en plus une marchandise, le roman est celle qui se diffuse le plus : de grandes maisons d'édition en font l'amorce de leur succès. D'autres, plus diversifiées, subsisteront jusqu'à nos jours (Hachette, avec les livres d'enseignement et le dictionnaire de LITTRÉ, 1865-1872 ; ou encore LAROUSSE). Influence du roman anglais : Dickens, G. Eliot.

Tendances idéologiques

Représentent l'appétit et l'activité de la bourgeoisie, son aptitude à se critiquer elle-même, et servent aussi bien des opinions politiques réactionnaires que progressistes. Au cours du siècle cependant, les réalistes manifesteront de plus en plus des attitudes d'opposition. Comme les romantiques (beaucoup d'ailleurs le restent par bien des aspects), certains réalistes évoluent vers le progressisme. Tout est affaire de nuances dans l'extension du mot «réel» : faut-il parler de la misère et de ses causes ? évoquer tous les aspects des mœurs, même ce qui choque les convenances ? quel jugement exprimer ? Le choix des sujets sert à soutenir une thèse et souvent à accuser les structures sociales au nom des opprimés ou de l'individu. Les auteurs sont fascinés par les forces du progrès : le capitalisme (les banques chez BALZAC et ZOLA), la science ; ils le sont aussi par la décomposition des classes dirigeantes dont ils dénoncent l'égoïsme et l'hypocrisie (FLAUBERT, MAUPASSANT).

Tendances esthétiques

Représenter objectivement le réel et faire de la littérature une science est l'ambition affirmée (dans les préfaces de romans not.) par les auteurs, qui entendent reproduire le langage, les mœurs des milieux sociaux décrits ; puis sous l'influence des doctrines économiques et politiques, ils veulent mettre au jour les mécanismes sociaux et les rapports de classes. Les écrivains des années 1830 associent le réalisme du cadre au romantisme des caractères (STENDHAL, BALZAC) ; pour l'écrivain naturaliste, les passions humaines et les mœurs sont déterminées par le milieu social et l'hérédité, et leur description minutieuse est une contribution à l'analyse scientifique recherchant les cas extrêmes de la banalité ou de l'atrocité de la vie courante. Le réalisme peut aussi intégrer des éléments du roman historique (FLAUBERT).

Littérature, arts et savoirs

En peinture, Courbet, Millet, l'École de Barbizon, plus tard les peintres «pompiers» et surtout la photographie (Nadar) assument le même rôle de constat du réel. L'*impressionnisme*, qui désire rendre les impressions visuelles (Manet) s'y apparente initialement. Liens avec l'Histoire et les sciences «positives» : médecine (influence de l'allemand Lavater), démographie, socio-économie (Louis BLANC, PROUDHON), sciences naturelles et biologie (théories de Darwin et de C. Bernard). Certains rêvent de rendre la science accessible au peuple (FLAMMARION, *Astronomie populaire*, 1867).

Formes littéraires principales

Surtout la forme romanesque, fondée sur trois techniques : narration à la troisième personne ; cycles romanesques qui suivent l'évolution d'un milieu (BALZAC) ou d'une famille (ZOLA) ; large place aux descriptions et au vocabulaire concret. Comme au XVIIIᵉ s., le thème de l' «entrée dans la vie» confronte les valeurs individuelles avec la brutalité des forces sociales. On décrit des milieux (ouvriers, paysans) et des problèmes physiologiques ou sociaux jusque-là voilés (maladie, délinquance). La ville devient un personnage romanesque : s'y jouent les progrès et les déchéances de la vie moderne (descriptions de Paris par BALZAC et ZOLA). Au théâtre, le réalisme s'exprime par le drame ; on le joue surtout au Théâtre Libre d'ANTOINE.

23 Idéologie bourgeoise et sécession des artistes

1850 - 1880

L'échec de la Révolution de 1848, puis le coup d'État de Napoléon III (1851) mettent fin au rêve romantique de transformer la société en une République généreuse, plus égalitaire, guidée par ses intellectuels. Le pouvoir du Second Empire (1852-1870) est aussi autoritaire que ses devanciers, et la réussite économique (industrialisation de la France) épanouit la classe bourgeoise plus encore que sous la Monarchie. Sous l'Ancien Régime, cette classe avait comme modèle l'aristocratie à laquelle elle désirait s'assimiler ; au XIXᵉ s., elle se constitue une idéologie propre, antiaristocratique, mais aussi antipopulaire (le peuple est senti comme une masse dangereuse) et antiromantique dans la mesure où le Romantisme est à la fois aristocratique et populiste.

a

Prédominance du conformisme bourgeois

L'idéologie bourgeoise reprend volontiers des thèmes du XVIIIᵉ s. libéral, ceux de Voltaire surtout : confiance dans le progrès, liberté de pensée, anticléricalisme. Elle s'exprime dans la philosophie positiviste d'Auguste COMTE, et dans la philosophie des sciences alors en plein progrès (déterminisme de Lamarck et Darwin), ainsi que dans l'œuvre de RENAN (*Vie de Jésus*, 1863) et de TAINE (*De l'intelligence*, 1870). Mais dans la pratique, ces grands modèles de pensée peuvent apparaître à la majorité comme de dangereux esprits forts : l'idéologie bourgeoise telle qu'elle est vécue est un rationalisme très modéré,

qui prône comme valeurs la science, l'esprit, le bon sens, mais en les associant à un souci d'ordre moral et social qui fait accepter l'Église, cette force de tradition, et refuser toute évolution dès qu'il s'agit de questions sociales. L'idéologie bourgeoise est aussi caractérisée par le contraste entre une philosophie qui fait l'éloge du progrès, et des conceptions culturelles et artistiques figées. Elle engendre le Réalisme dont nous avons vu les ambiguïtés, mais peut s'accommoder aussi d'un retour aux «grands classiques» dont les historiens de la littérature (NISARD, SAINTE-BEUVE) fixent alors la hiérarchie.

Une grande partie de la production littéraire s'oriente vers un réalisme de bon ton, où l'étude des mœurs se cantonne dans une étude de caractères coupée de tout contexte social et nourrie de bonnes pensées ; citons : CHAMPFLEURY, DUMAS fils, AUGIER (*Le gendre de Monsieur Poirier*, 1854) dans le genre du drame ou de la comédie édifiante. Se développe plus encore une littérature brillante de divertissement (comédies de LABICHE, opérettes d'OFFENBACH), ou une littérature de large consommation : avec ses 250 éditions, le roman *le Maître de Forges* (1882) de Georges OHNET est *le* succès du siècle. L'art officiel consacre l'académisme pictural et Bouguereau. La critique universitaire s'est coupée de toute la créativité des mouvements intellectuels, et célèbre surtout les vertus du Classicisme.

b

Recherches d'esthétiques indépendantes

● Contre cette uniformisation triomphante que l'École contribue à ancrer dans les consciences, une part importante des **artistes** se trouvent tout à fait **isolés,** et pour la première fois sans la fonction de représenter ou d'éclairer la classe dominante et ses aspirations. Leur solitude même les entraîne à chercher une définition de l'*Art pour l'Art* (caractéristique du mouvement Parnassien). Contre le conformisme, contre l'engagement politique et même le réalisme qui soumet l'art au social, l'Art pour l'Art défend l'idée d'une aristocratie de l'esprit : on n'écrit plus que pour ses égaux, le groupe producteur devient son propre consommateur privilégié. L'artiste se replie sur son milieu et sa solitude, faute d'accepter une place dans un monde jugé répugnant. Des dessinateurs comme Henri MONNIER ou Daumier, un écrivain comme FLAUBERT, excellent dans les caricatures de bourgeois. Un grand nombre de thèmes romantiques se trouvent conservés (goût pour l'irrationnel, l'archaïsme, la violence esthétisée, le mysticisme, l'échec), aggravés par une philosophie pessimiste (influence du philosophe allemand Schopenhauer). Mais les principes créateurs sont différents : on affirme la valeur des techniques d'écriture contraignantes ; l'auteur est créateur non par son inspiration, mais par son art d'utilisation du langage, qui crée alors un objet autonome original. C'est, dans l'art littéraire, une révolution. Le monde artiste glisse alors progressivement vers la marginalité.

L'école dite des **Parnassiens** représente en littérature un premier aboutissement de ce mouvement. Elle marque les années 1850-1870. Le premier volume du *Parnasse contemporain* (1866) rassemble notamment des textes de Théophile GAUTIER, BANVILLE, LECONTE DE LISLE, COPPÉE, SULLY-PRUDHOMME, BAUDELAIRE, VERLAINE et MALLARMÉ. Citons aussi : *Émaux et Camées* (1852) de GAUTIER ; *Poèmes Barbares* (1862) de LECONTE DE LISLE. Mais cette école finira par constituer à son tour une forme de l'art officiel.

● C'est **une esthétique neuve** que mettent en jeu, en revanche, d'autres œuvres qui, à la même époque, explorent l'imaginaire et proposent des visions du monde irrecevables par l'idéologie officielle.

— BAUDELAIRE, dont le recueil des *Fleurs du Mal* (1857) est condamné pour immoralité par la justice impériale, fait de la poésie une quête de soi, par les «correspondances» qu'elle dévoile entre le monde sensible et des vérités cachées. Dandysme, sensualité, angoisse du mal se retrouvent aussi dans les *Petits poèmes en Prose* (1865) qui introduisent en poésie le sens de la modernité.

— VERLAINE (*Poèmes Saturniens*, 1866; *Sagesse*, 1880; *Jadis et Naguère*, 1884) donne au langage poétique une musicalité neuve : recherches approfondies qui tentent à la fois de traduire et de compenser une conscience amère de la fragilité du moi et du monde.

— RIMBAUD (*Une saison en enfer*, 1873; *Illuminations*, 1872-73, publiées en 1886) progresse vers la connaissance des pouvoirs cachés du langage, mais rompt très jeune avec la pratique de la poésie.

— LAUTRÉAMONT publie une épopée visionnaire ambiguë, *Les Chants de Maldoror* (1868), que semblent contredire des *Poésies* très conventionnelles. Au XXᵉ s., son caractère énigmatique attirera sur lui l'attention de nombre d'écrivains.

— Des personnalités originales, quoique moins puissantes : CROS, CORBIÈRE, NOUVEAU.

Les «poètes maudits» (l'expression est de VERLAINE), dont certains passent alors inaperçus (LAUTRÉAMONT), ont surtout un succès de scandale, mais ils créent les moyens d'une mutation radicale de la poésie.

Ce même état d'esprit affecte aussi des romanciers comme FLAUBERT et MAUPASSANT (v. p. 66), ou encore BARBEY D'AUREVILLY (*Les Diaboliques*, 1874), qui affirment leur rupture avec la société de leur temps.

24 La crise des valeurs morales et littéraires

1870 - 1914

Après l'effondrement du Second Empire et l'échec de la Commune (1871), la République est rétablie. Mais elle est peu conforme aux espoirs de beaucoup de ceux qui l'attendaient : république «opportuniste», elle est conservatrice et peu sociale. L'idéologie bourgeoise ne se renouvelle plus, sinon par le colonialisme et le nationalisme (Boulangisme des années 1880, affaire Dreyfus autour de 1900, rôle d'écrivains nationalistes comme MAURRAS et BARRÈS). L'École consacre ces valeurs (v. p. 77), au moment même où elles sont remises en question : contrecoup d'une industrialisation massive mal intégrée dans les mentalités, d'une période de dépression économique (1873-1896) et de l'échec relatif du parti républicain, des valeurs comme le progrès, la rationalité ou le réalisme se trouvent à ce moment affaiblies. Aussi, parmi les artistes et les écrivains, les options esthétiques de chacun traduisent la crise des valeurs, le pessimisme général et le sentiment de décadence de cette fin de siècle, tant chez des auteurs solidement conformistes (Paul BOURGET, *Le Disciple*, r., 1889), que chez des inquiets comme le jeune André GIDE.

a

L'écrivain et la société

● Depuis le milieu du XIXe s., les écrivains sont **mal à l'aise** dans la société du temps, quelles que soient leurs opinions politiques. Même ceux que la polémique mêle à la vie publique se constituent en milieu autonome et fermé (réunions chez ZOLA à Médan p. ex.), à plus forte raison des écrivains plus isolés (soirées du mardi chez MALLARMÉ). Cependant la littérature n'est pas sans fonction sociale, d'autant plus qu'une majorité d'auteurs continue la tradition réaliste (voire par l'écriture *populiste* : Ch.-L. PHILIPPE, *Bubu de Montparnasse*, r., 1901).

● La **contestation ou le compromis** sont les deux voies possibles pour ceux qui mettent l'écriture au service de convictions politiques explicites, en se donnant la mission de décrire les luttes du monde social contemporain : naissance du mouvement ouvrier, de l'anarchisme, du socialisme (celui de JAURÈS not.) L'influence de ZOLA sur l'adoption des idées de gauche par les écrivains est considérable. L'opposition peut être plus radicale encore (romans de VALLÈS, *L'insurgé*, 1886; de DARIEN, *Biribi*, 1888, *Le Voleur*, 1898), ou se fonder à l'inverse sur des idées antirépublicaines (BARRÈS, *Les Déracinés*, r., 1897).

Mais les contradictions entre l'isolement de fait du monde intellectuel, le désir de rentrer dans le combat politique, et la persistance en chacun d'une formation bourgeoise, produisent toutes sortes de situations de compromis, dont Anatole FRANCE présente un exemple complet : esthétique de la clarté, de la mesure et de la rationalité, (*Les Opinions de Jérôme Coignard*, 1893, r.), vie mondaine, sympathies pour le socialisme, engagement pour Dreyfus. Même des auteurs plus réservés à l'égard des questions politiques affirment malgré tout le rôle de l'écrivain comme celui d'une conscience qui doit «éclairer ses contemporains» : ainsi de la renommée de R. ROLLAND (*Au-dessus de la mêlée*, 1915) ou de PÉGUY, qui fonde les *Cahiers de la Quinzaine* en 1900.

b

Positivisme et irrationalisme

● Le **positivisme** du XIXe s. donne alors ses productions les plus achevées et qui garderont tout au long du XXe s. une influence considérable. Cela se fait sentir notamment pour les *sciences humaines* : Histoire (Lavisse), Géographie (Vidal de la Blache), philologie et édition savante de texte anciens (J. BÉDIER), histoire de la littérature (G. LANSON).

● Mais la **contestation du positivisme** est souvent l'œuvre de la science elle-même, surtout au début du XXe s. : ruine du scientisme (théorie de la relativité formulée en 1905 par l'Allemand Einstein), ruine du rationalisme étroit (recherches de Charcot, puis de l'Autrichien Freud sur les structures de l'inconscient, philosophie de Bergson); on perd alors la confiance absolue que l'on avait pu placer dans la stabilité et la sûreté des découvertes scientifiques.

● On assiste, simultanément, à un retour des écrivains vers des formes variées de l'**irrationnalisme**. C'est un mouvement général de retour au catholicisme (conversion de HUYSMANS, de CLAUDEL en 1890, de PÉGUY et de MARITAIN en 1900). Dans les milieux intellectuels, on s'adonne aussi à toutes les para-religions : occultisme (SAINT-POL ROUX), Rose-Croix (MALLARMÉ, VILLIERS DE L'ISLE-ADAM), on mêle christianisme et bouddhisme (SCHURÉ, *Les grands initiés*, 1889). L'influence de la pensée allemande (Wagner et Nietzsche), du roman russe (Tolstoï et surtout Dostoïevski) et du théâtre scandinave (Ibsen, Strindberg), renforce l'héritage romantique. Les spéculations sur les pouvoirs du langage et des symboles comme révélateurs de vérités cachées inspirent une poésie de plus en plus difficile, comme celle des groupes appelés *décadents* (ils reprennent le nom péjoratif que leur donnent leurs contemporains), puis *symbolistes* : MORÉAS, CORBIÈRE, LAFORGUE et surtout MALLARMÉ (*Poésies complètes*, 1887). La nouvelle (VILLIERS DE L'ISLE-ADAM, *Contes cruels*, 1883) et le théâtre (MAETERLINCK, *Pelléas et Mélisande*, 1892; VILLIERS DE L'ISLE-ADAM, *Axel*, 1890, posthume) subissent les mêmes influences. Les peintres symbolistes (Odilon Redon, Gustave Moreau) participent de cette esthétique, qui est diffusée par de nombreuses revues (*Mercure de France*, *Revue Blanche*). Deux évolutions significatives : celle de HUYSMANS (*A Rebours*, 1884) et de Léon BLOY (*Le Désespéré*, 1886), qui passent du naturalisme au symbolisme ou à des formes de spiritualisme qui manifestent une inquiétude religieuse. Cela marque dans les jeunes générations un désir de rompre avec une société trop rigide, ce qu'expriment les premières œuvres de GIDE (not. *Les Nourritures terrestres*, id., 1895), qui devait avoir une grande influence plusieurs années plus tard.

C

Des formes nouvelles

● Une minorité (qui ne se confond pas toujours avec les «inquiets» du paragraphe ci-dessus) cherche au contraire **une voie moderne**. Rejetant avec les valeurs bourgeoises tous les principes esthétiques du passé, des artistes élaborent des doctrines où l'art devient sa propre finalité ; ils prolongent ainsi et dépassent ce qu'avait amorcé la doctrine de «l'Art pour l'Art» (v. p. 69). La référence «réaliste» est considérée comme un souci dépassé, remplacée par l'intellectualisation et la recherche du Beau ou du difficile et de l'unique. Ces auteurs considèrent, à la différence de «l'Art pour l'Art», que le langage artistique peut aussi permettre une nouvelle perception du monde. Les créations de l'industrie suscitent d'ailleurs des transformations dans le décor urbain (métro et Tour Eiffel à Paris, p. ex.). Le mouvement pictural offre avec éclat un modèle d'émancipation : impressionnisme (Manet, Monet) ; Gauguin et les Nabis ; Van Gogh ; Cézanne, Picasso et les Cubistes ; influence des «écoles» étrangères : Expressionnisme allemand, Futurisme italien, écoles russes. En vingt ans cette recherche picturale fait naître toutes les formes que le XXe s. n'a pas encore fini d'explorer (Fauvisme, Cubisme, Art Abstrait).

● **L'émancipation littéraire** est plus lente ; elle se joue surtout dans la poésie et le théâtre. Les écrivains s'engagent vers l'affirmation d'une nécessaire *modernité* de l'art (APOLLINAIRE, *Alcools*, p., 1913 ; CENDRARS, *La prose du Transsibérien*, p., 1913). Les Symbolistes usent encore de la poétique classique, mais leur utilisation du vers impair (VERLAINE ; LAFORGUE, *Les complaintes*, 1885), du vers libre (VERHAEREN, *Les campagnes hallucinées*, 1893) mène à une poésie qui retrouve la liberté des rythmes et des souffles (CLAUDEL, *Tête d'Or*, th., 1890 ; *Cinq grandes Odes*, p., 1910). D'autres veulent prendre en charge l'espace dans la disposition du poème (APOLLINAIRE, *Calligrammes*, 1918) ou encore les jeux, les hasards du langage et le délire verbal (JARRY, *Ubu Roi*, th., 1896 ; *Le Surmâle*, r., 1902). Tous héritent de l'innovation radicale, et jusqu'alors peu comprise, amorcée avec RIMBAUD. Un peu plus tard, l'œuvre du poète REVERDY représentera une réflexion d'ensemble sur ces innovations (*Les ardoises du toit*, 1918).

La découverte des arts non-occidentaux (japonais, océanien, africain) montre qu'on peut inventer des structures et des formes autres que celles sur lesquelles a vécu l'Occident. On s'engage vers un internationalisme de l'art (influence de l'Italien d'Annunzio et du mouvement unanimiste de Marinetti), où brillent certains centres : Vienne et Paris notamment.

Ambiguïtés de la «Belle Époque»

La volonté d'innover des artistes va les couper définitivement des publics qui découvrent seulement la tradition, et sont plus à l'aise dans les stéréotypes; leur volonté d'individualiser l'œuvre d'art fait aussi qu'à partir de 1900, les mouvements auront du mal à se regrouper autour d'un credo commun. La littérature devient une série de réponses individuelles et dispersées à la question de la fonction de l'artiste et de l'œuvre d'art. D'autre part, ce sont les artistes qui remettent le plus profondément en question ce que le XIXe s. appelle «civilisation», dont ils ne veulent plus être seulement des héritiers et des reproducteurs.

Mais pour une large partie du public, les inquiétudes et recherches littéraires sont ignorées ou rejetées, de même d'ailleurs que les revendications politiques souvent violentes de l'anarchisme, du socialisme ou des mouvements syndicalistes. A l'aube du XXe s., la société bourgeoise vit sa «Belle Époque», et célèbre la gloire d'écrivains moralistes garants de l'ordre (BOURGET), savoure un théâtre de stéréotypes et de divertissement brillant (E. ROSTAND), et l'humour plus ou moins grinçant d'auteurs tenus pour des amuseurs (FEYDEAU, ALLAIS et ses bons mots, COURTELINE et ses vaudevilles). Ce sont aussi la sentimentalité et les stéréotypes intimistes de Paul GÉRALDY (*Toi et Moi*, p., 1913, vendu à un million d'exemplaires) qui ont les faveurs du public.

25 Culture populaire

1830 - 1920

La littérature de colportage s'adressait à un public essentiellement rural. A partir du XIXe s., le développement de l'urbanisme entraîne une littérature populaire (destinée au peuple, mais non écrite par lui) qui s'adresse au public urbain des petits bourgeois et des ouvriers sachant lire (mais d'une culture lettrée peu étendue), et coupé de la civilisation rurale traditionnelle. Sans doute a-t-elle des antécédents : des pamphlets de la Ligue et des mazarinades (v. p. 36) aux harangues révolutionnaires tenues dans les jardins du Palais Royal (v. p. 59), la population des villes a su s'exprimer, mais dans sa masse, elle n'avait jamais été un destinataire privilégié. La littérature populaire pose alors des problèmes de définition : le colportage, mode de diffusion spécifique, permettait de délimiter un objet d'étude ; dans le cas de la littérature populaire moderne, les frontières avec la littérature d' «élite» sont parfois floues.

a
Renouvellement des formes, des thèmes, des moyens de diffusion

L'évolution de l'industrialisation, de l'alphabétisation et de la presse permet à une culture urbaine de se constituer. On peut grossièrement distinguer deux étapes :

— *jusqu'en 1860*, elle comprend surtout la *chanson* (BÉRANGER et ses imitateurs, p. ex., pour la chanson politique) et les premiers feuilletons (v. p. 65). Elle supplante petit à petit la littérature de colportage, qui est traquée par la censure officielle ;

— *de 1860 à 1914*, la multiplication des *journaux* permet d'atteindre plusieurs types de public (v. p. 56). L'image devient une composante usuelle de la culture et n'est plus liée a priori au tableau d'art : la presse comporte des illustrations en première page, la publicité naissante inspire des affiches, la photographie devient plus familière. A partir des années 90, la culture urbaine se diversifie avec ses hauts lieux parisiens du spectacle : cabarets, cafés-concert («caf'-conç'»), bals (voir les affiches de Toulouse-Lautrec). La littérature populaire qui se développe au tout début du XXᵉ s., est une littérature d'*évasion,* marquée souvent par un effacement du réalisme au profit d'une idéalisation historique (ZÉVACO, série des *Pardaillan,* r.*),* sentimentale (DELLY, *Le Maître du Silence,* r., 1918), ou par un «merveilleux moderne» de l'aventure et du mystère qui s'épanouit dans les premiers romans policiers de Gaston LEROUX (série des *Rouletabille*), Maurice LEBLANC (série des *Arsène Lupin*), ALLAIN et SOUVESTRE (série des *Fantômas*), fondés sur des héros invincibles et des rebondissements perpétuels de l'action.

b

Littérature populaire et idéologie

Sous leur apparente frivolité, la culture et surtout la littérature populaires sont choses **politiques.**

Il faut noter l'importance des œuvres de propagande explicite dans une période où la chanson joue encore le rôle que prendra le journal par la suite : c'est elle qui maintient les mythes libéraux et napoléoniens (BÉRANGER), ou qui assure après le coup d'État de 1851 une propagande en faveur de Napoléon III, mais surtout la tradition de la «Sociale» : Pierre DUPONT *(Le Chant des Ouvriers),* Eugène POTTIER *(L'Internationale,* 1871), Jean-Baptiste CLÉMENT *(Le Temps des Cerises),* les chansons de la tradition populiste et anarchiste : Aristide BRUANT, Gaston COUTÉ, MONTÉHUS, MAC NAB; ou les journaux satiriques *(La Lanterne* de ROCHEFORT).

Plus généralement, on retrouve dans la littérature populaire les doctrines politiques en expansion, comme le colonialisme (exotisme de Pierre LOTI) et le nationalisme (dessins de HANSI, personnages de méchants Allemands dans les romans d'ERCKMANN-CHATRIAN, ultra-patriotisme des chansons de DÉROULÈDE), ou tout simplement l'actualité (série des *Bécassine* de CAUMERY). Les tendances nationalistes dominent dans la propagande chauvine en 1914-1918, à laquelle se rallient des chansonniers comme MONTÉHUS, mais aussi nombre d'écrivains. Face à cela, l'expression des révoltes des Poilus reste étouffée. Cette dernière forme de littérature est largement destinée, comme l'était celle du colportage, à *adapter ses lecteurs à la culture dominante,* en leur délayant les modèles de l'idéologie bourgeoise; mais par prudence, elle y ajoute une forte dose de moralisme, de pathétisme (MONTÉPIN, *La Porteuse de Pain,* r., 1884), et encourage plus la docilité et le passéisme que la promotion sociale et le goût des revendications.

La même inspiration anime une partie de la littérature pour enfants (Comtesse de SÉGUR). La littérature pour adolescents, qu'invente Jules VERNE *(Cinq Semaines en ballon,* r., 1865; *Michel Strogoff,* r., 1876), prudente et «adaptatrice» elle aussi, incite néanmoins davantage à la découverte du monde : le voyage est son thème dominant, et elle intègre volontiers des éléments des découvertes scientifiques récentes, en se tournant soit vers la science-fiction (VERNE), soit vers le passé lointain (ROSNY aîné, *La Guerre du feu,* r., 1911).

L'École et l'unification culturelle

En voulant donner à tous la **même instruction** de base, l'école laïque, gratuite et obligatoire (loi Ferry 1883) va effacer les spécificités locales et régionales (langues, costumes, traditions). Les cultures locales vont régresser, malgré des mouvements de résistance, amorcés dès le milieu du XIXᵉ s., avec p. ex. le *Barzaz Breiz* (recueil de chants bretons publiés en 1839) et qui se prolongent, avec p. ex. le Félibrige en Provence (Frédéric MISTRAL). L'École, le brassage réalisé par la conscription, les voyages plus faciles, vont détruire les cultures rurales traditionnelles, qui seront surtout remplacées par la lecture de la « bonne presse » : *Veillées des Chaumières ; Le Pèlerin*, créé en 1873. En offrant au public populaire par le biais de l'École une littérature adaptée à ses fins, l'idéologie des notables pénètre un public nouveau, au moment même où elle est mise en doute ; ce que vont apprendre des millions de Français, c'est, par exemple, le plus célèbre des livres de classe : *Le Tour de la France par deux enfants,* de BRUNO (1877 ; 7 400 000 exemplaires avaient été vendus en 1914) : dans un tableau complet (mais qui, déjà, date) des provinces françaises, on célèbre le sentiment national, la famille, la terre et la pureté campagnarde, mais on approuve en même temps le progrès industriel, l'effort individuel, la hiérarchie et l'obéissance sociales.

26 Les données nouvelles de la littérature au XXᵉ siècle

La littérature du XXᵉ s. donne l'impression d'être abondante et inclassable. Cette complexité vient certes du nombre de livres édités, mais surtout des bouleversements historiques et sociologiques qui ont marqué le siècle et posé des questions auxquelles n'a pas été donnée de réponse univoque.

a

Modification des liens entre l'auteur et le public

● Le renouvellement est assuré par des groupes restreints ou des écrivains isolés, qui sont autant d' **«avant-gardes»** successives, mais coupés du grand public et qui ne doivent pas faire illusion : la plupart des auteurs continuent à écrire selon l'esthétique du XIXᵉ s., not. celle du roman réaliste, le plus apte à toutes les adaptations.

● Jusqu'au XIXᵉ s., la littérature s'était exercée essentiellement pour une «élite» sociale restreinte et s'était modifiée au rythme des renouvellements de cette élite. Au XXᵉ s., on peut supposer que tous les Français sont un **public potentiel,** déjà informé d'un minimum de littérature dès l'école primaire ; mais ce public potentiel n'est plus homogène : l'impression d'abondance que donne la littérature n'est donc que la multiplication du nombre des auteurs destinés à satisfaire les goûts de ce public diversifié, et non le symptôme d'une richesse d'invention. Ce qui s'accroît surtout, c'est une littérature de divertissement pour un public de culture moyenne, littérature dont l'importance sociologique est peut-être plus grande que la qualité esthétique.

● La littérature est de plus en plus un **commerce,** qui utilise comme les autres la publicité. La pauvreté créatrice est souvent dissimulée par la fabrication d' «événements» littéraires : publicité de lancement, vedettariat, multiplication des Prix littéraires (Goncourt, Fémina, Renaudot...) qui assurent une vente élevée au lauréat (200 000 exemplaires p. ex.), exploitation rapide des succès (par l'adaptation au cinéma not.), etc. On assiste à la prise en charge par des institutions concurrentes (partis et organes de presse politiques, revues spécialisées, maisons d'édition, jurys littéraires...) de l'information des lecteurs, à qui on indique les «bonnes» lectures et les voies de la création. Ce phénomène est souvent dissimulé derrière l'illusion qui est donnée d'un lien privilégié entre la personnalité de l'auteur (confondu avec son œuvre) et le lecteur. L'Université quant à elle assure surtout, pendant longtemps, le rôle de gardienne des valeurs passées.

b

Remise en question des notions de culture et de littérature

● Les «intellectuels» (le mot a supplanté, pendant l'affaire Dreyfus, le terme d'«hommes de lettres» pour désigner les écrivains, les journalistes, les universitaires) découvrent que la **notion de culture** est liée aux goûts et aux définitions de la classe dominante qui tend à en faire un dogme figé; l'enseignement (le secondaire surtout, longtemps centré sur les lettres et les langues anciennes) la propage comme une vérité immuable et désirable, alors que le monde social évolue et manifeste des goûts et des désirs différents. La culture ainsi comprise se caractérise par sa tradition (les «grands auteurs»), son inutilité pratique (luxe réservé à l'élite), sa philosophie humaniste (parfaire l'esprit et les mœurs).

Tout se passe alors comme si l'écrivain ne connaissait plus sa place dans le monde social, et prenait une conscience plus aiguë de son isolement et de sa compromission de fait avec la société bourgeoise. Lui restent alors quatre types de conduite possibles:

— l'acceptation de la logique commerciale qui veut que le meilleur livre soit celui qui se vend le plus: écrire donc ce qui plaira aux éditeurs et au plus grand nombre;

— l'exacerbation de l'«attitude artiste» de la fin du XIXᵉ s., qui se traduit par la réflexion sur soi et sur l'acte d'écrire (v. pp. 73 et 93), ou encore les tentatives pour charger la littérature d'une mission existentielle;

— l'engagement explicite dans les problèmes du monde contemporain, dans l'espoir d'influer sur eux, et de faire de la littérature une conscience du monde (v. p. 86);

— la contestation globale de la place et de la fonction de la culture: pourquoi la culture ne serait-elle pas nécessaire à tous? ne faut-il pas en démocratiser l'accès, à un moment où se démocratise l'accès à l'enseignement? Ne faut-il pas attendre du peuple qu'il crée *sa* culture, avec la langue et les valeurs populaires? L'invention permanente mais diffuse et largement anonyme ne serait-elle pas le signe des temps modernes?

Quelles que soient les réponses données à ces questions, il y a là un débat essentiel du XXᵉ s.

● **Les valeurs littéraires** d'autre part sont sujettes à d'autres formes de doute.

— On explore des *expressions nouvelles*. Les novateurs sont souvent étrangers:

Kafka, Joyce, Faulkner, Brecht et d'autres influencent les lettres françaises. D'autre part, nombre d'écrivains s'efforcent de se libérer des contraintes des formes d'écriture traditionnelles.

— On réfléchit sur l'héritage accumulé : le XXᵉ s. est pleinement le siècle de l'histoire littéraire, des *relectures* et des *réévaluations* (plus encore que le XIXᵉ). On redécouvre des auteurs et des courants que la tradition culturelle considérait comme mineurs (des auteurs aussi divers que Baudelaire, Nerval, les Grands Rhétoriqueurs, Sade, la littérature de colportage, etc.). Redécouvertes passionnantes, et qui font éclater les critères selon lesquels une œuvre était dite «bonne» ou «mauvaise», mais si amples que ce sont les normes et la définition même du littéraire qui sont remises en cause, et qui présentent le danger parfois de confondre les curiosités avec ce qui a vraiment une importance historique ou esthétique.

— En marge de la littérature «officielle» se développe une «*para-littérature*» (ban-des dessinées, roman policier, etc.) et des *moyens d'expressions nouveaux* (cinéma, radio, télévision, disque...) qui créent leur propre public et ôtent parfois de son prestige à la littérature.

Au fil du siècle, la perception du fait littéraire évolue ; jusqu'à la seconde guerre mondiale, la littérature reste une institution solide, même si elle s'interroge sur elle-même ; elle se diversifie ensuite comme la culture, et l'une et l'autre sont des sujets de perplexités multiples depuis 1960. D'où le paradoxe d'un énorme public potentiel, ayant inégalement accès à une culture que l'on serait bien en peine de définir avec rigueur. Il est matériellement impossible de citer autant d'auteurs qu'il y en a, et il est très difficile de leur trouver assez de points communs justifiant qu'on les réunisse sans quelque arbitraire. La difficulté s'accroît d'ailleurs du fait que les historiens sont trop proches de ces phénomènes culturels et littéraires, pour en dégager avec certitude l'importance réelle.

27

Le goût pour la littérature

(1914 - 1940)

La société française est bouleversée en profondeur par la guerre de 1914-1918. Mais les tendances littéraires du XIXe s. continuent à marquer un grand nombre d'œuvres. Beaucoup d'écrivains en effet ne sont séduits ni par les expériences d'avant-garde, ni par l'engagement politique explicite. Ils ne forment pas une école ou un mouvement précis, mais à travers la diversité de leurs attitudes, quelques préoccupations communes les unissent solidement. Tous tombent d'accord pour affirmer la grandeur de la création littéraire. Tous font aussi de l'œuvre littéraire le lieu d'une expression personnelle : l'analyse est centrée sur la psychologie du sujet. Cette célébration de la littérature et de l'individu est en fait une défense contre un sentiment de malaise, plus ou moins avoué, dans une société où la guerre et ses suites font naître des interrogations multiples. Inquiétudes, voire anxiétés métaphysiques, se manifestent à travers des œuvres qui restent pour l'essentiel de facture traditionnelle. A partir des années 30, la plupart de ces écrivains devront opter pour une attitude socio-politique explicite, ou se cantonner dans un refus hautain de s'engager.

1913 ALAIN-FOURNIER, *Le Grand Meaulnes* (r.).

1913-1927 PROUST, *A la Recherche du temps perdu* (r.).

1922 VALÉRY, *Charmes* (p.).

1922-1940 MARTIN DU GARD, *Les Thibault* (r.).

1924 CLAUDEL, *Le Soulier de satin* (joué en 1943 seulement) (d.).
SAINT-JOHN PERSE, *Anabase* (p.).

1925 JOUVE, *Paulina 1880* (r.).
GIDE, *Les Faux-monnayeurs* (r.).

1930 COLETTE, *Sido* (r.).

1927 MAURIAC, *Thérèse Desqueyroux* (r.).

1929 GREEN, *Leviathan* (r.).

1930 GIONO, *Regain* (r.).

1932 CÉLINE, *Voyage au bout de la nuit* (r.).

1936 CÉLINE, *Mort à Crédit* (r.).

1932-1946 ROMAINS, *Les Hommes de bonne volonté* (r.).

1933-1941 G. DUHAMEL, *Les Pasquier* (r.).

1934 AYMÉ, *Contes du Chat perché*.
DRIEU LA ROCHELLE, *La Comédie de Charleroi* (r.).

1935 CALET, *La Belle Lurette* (r.).
GIRAUDOUX, *La Guerre de Troie n'aura pas lieu* (th.).

1936 BERNANOS, *Journal d'un curé de campagne* (r.).
MONTHERLANT, *Les Jeunes Filles* (r.).

1938 SARTRE, *La Nausée* (r.).

1939 SAINT EXUPÉRY, *Terre des hommes* (r.).

1942 CAMUS, *L'Étranger* (r.).

Origine sociale des écrivains

Bourgeois pour la plupart, souvent dotés d'un métier principal (journalisme, service de l'État...). Fortement marqués par leur milieu, ils s'efforcent d'en surmonter les contradictions. Ils en ont intégré en partie le désir de renouveau, les inquiétudes, le sens critique, mais aussi une forme d'auto-complaisance et d'idéalisme. Certains, connus avant la guerre, deviennent (ou se posent comme) des maîtres à penser (GIDE, CLAUDEL), et bientôt des patriarches : ils font figure de nouveaux «classiques», ne serait-ce qu'à titre de maîtres du style (COLETTE) ou de théoriciens de l'art littéraire (VALÉRY).

Modes de diffusion de la littérature

Sur quelques centaines d'éditeurs, quelques dizaines seulement pour la littérature, dominés par Gallimard et Grasset. Les écrivains en place forment un petit nombre clos. On commence à utiliser à plein les formes de la publicité (entretiens, articles, photos), p. ex. pour le lancement spectaculaire de *Le Diable au corps* de RADIGUET en 1923. De nombreuses revues se créent : *Cahiers du sud*, *Nouvelle Revue Française* (*N.R.F.*) animée ou dirigée par GIDE, RIVIÈRE, PAULHAN, ARLAND..., qui contribuent à renouveler le goût et ouvrent sur la littérature étrangère (anglaise et russe surtout).

Tendances idéologiques

La guerre mondiale de 1914-1918 crée un choc profond (dont témoignent p. ex. BARBUSSE, *Le feu*, 1916, ou CÉLINE) et un bouleversement des mœurs (MARGUERITTE, *La Garçonne*, 1922). Mais le Tout-Paris continue de se divertir (Ballets Russes, style art déco, COCTEAU) dans les années 20 («années folles») qui prolongent la «Belle Époque». Aussi, nombre d'écrivains, sans prendre explicitement de positions politiques, entendent dénoncer la médiocrité de la société et de la morale officielle. Certaines visions idéalistes du monde («unanimisme» de J. ROMAINS) et le recours aux «grandes valeurs» sont un antidote contre l'idéologie de la classe au pouvoir, mais aussi contre la poussée de la pensée révolutionnaire. Les mouvements catholiques appellent à la réflexion (MARITAIN, G. MARCEL). Pour d'autres la création littéraire devient une valeur dominante dans laquelle s'absorbe leur action (p. ex. des poètes comme Max JACOB ou SUPERVIELLE, un romancier comme Raymond ROUSSEL qui s'isole dans une recherche originale).

Tendances esthétiques

Il n'y a pas à proprement parler de bouleversement dans la poétique de ces écrivains. Ils vivent sur les deux grandes données du XIXᵉ s. en la matière : un roman qui, à travers une fiction, se veut vision globale du monde par le moyen d'un réalisme social et psychologique ; une poésie marquée par RIMBAUD et les Symbolistes, ou par la rigueur intellectualiste de MALLARMÉ (VALÉRY). Solutions qui font appel chez le lecteur à un effort de compréhension et veulent affirmer le mérite de la création littéraire. Si la prose narrative se renouvelle, c'est à travers les mises à l'épreuve de la technique romanesque (GIDE) et le travail sur le style (recherches de PROUST, tentatives de CAMUS, innovations de CÉLINE, plaisir du récit et variété des registres chez M. AYMÉ).

Littérature, arts et savoirs

Peu de liens avec les autres arts, qui sont alors davantage tournés vers des expérimentations d'avant-garde pour des publics restreints. Beaucoup plus, en revanche, avec la philosophie ou la religion qui cherchent à promouvoir une intégration de l'individu à son monde (ALAIN, BERGSON, BERL...). Quelques liens avec les recherches musicales (entre CLAUDEL et Honegger ; COCTEAU et les musiciens réunis autour de Darius Milhaud,...).

Principales formes littéraires

Les poètes pratiquent une prosodie affranchie des conventions classiques ; leur thématique porte encore largement la marque des mythes romantiques. Le roman, qui apparaît comme un réceptacle idéal pour parler de tout, prolifère. Les écrivains abordent souvent l'autobiographie, plus ou moins mêlée de fiction, sous la forme romanesque (PROUST, CÉLINE) ou par le journal intime, que relaie parfois la forme de l'essai (GIDE, VALÉRY). Dans tous les cas, la tendance est à l'ampleur et à l'abondance verbale. Le théâtre est surtout parisien. Le texte, volontiers poétique, y a plus d'importance que la mise en scène (CLAUDEL, MONTHERLANT, GIRAUDOUX). Mais des metteurs en scène comme COPEAU, DULLIN ou JOUVET deviennent célèbres et affirment l'importance de la mise en scène dans la création théâtrale.

28

Le mouvement «Dada» et le «Surréalisme»

1916 - 1940

De la première guerre mondiale naît un refus devant l'ancien monde, l'idéologie et la culture anciennes qui ont cautionné les massacres. Émergence du mouvement Dada (années 1916-1920) puis du Surréalisme, qui partagent le goût d'expérimenter l'inconnu, de découvrir une manière d'écrire et surtout de vivre poétiques. Le Surréalisme en dépit d'une perte de prestige à partir de 1940, fonctionne comme groupe jusqu'aux années 60, en se renouvelant au fur et à mesure des exclusions ou des départs; il est souvent un lieu de passage pour des individualités qui poursuivent ensuite leur route propre (ARTAUD, BATAILLE, QUENEAU, LEIRIS,...).

Sur lui, rayonne et pèse la personnalité d'André BRETON. Groupe fermé, volontiers sectaire, il a exploré avec passion les voies de la révolution, de l'amour, du rêve et de la poésie, pour bouleverser les modes de la pensée et de l'écriture et fonder une nouvelle conception de l'homme. La culture qu'il contestait avec virulence a su cependant par la suite s'approprier nombre de ses découvertes : de ce point de vue, la violence négativiste de Dada est peut-être demeurée plus irrécupérable.

1918 TZARA, *Manifeste Dada*.
1919 BRETON-SOUPAULT, *Les Champs magnétiques* (écriture automatique).
1924 BRETON, *Manifeste du Surréalisme; Poisson soluble* (réc.).
1925 ARTAUD, *L'Ombilic des limbes*.
1926 ARAGON, *Le Paysan de Paris* (r.).
ÉLUARD, *Capitale de la douleur* (p.).
1928 BRETON, *Nadja*.
PÉRET, *Le grand Jeu* (p.).
BATAILLE, *Histoire de l'œil* (réc.).

1929 CREVEL, *Êtes-vous fous?* (réc.).
1930 BRETON, *Second Manifeste du Surréalisme*.
DESNOS, *Corps et Biens* (p.).
1931 TZARA, *L'Homme approximatif* (p.).
1932 ARTAUD, *Le Théâtre et son double* (id.).
1934 CHAR, *Le Marteau sans maître* (p.).
1937 BRETON, *L'Amour fou.* (réc., pp.).
1940 BRETON, *Anthologie de l'humour noir*.
1925-1965 : une trentaine d'expositions collectives (peintures, sculptures, collages, etc.).

Origines sociales des écrivains

Artistes et écrivains issus pour la plupart de la bourgeoisie, écœurés par les horreurs de la première guerre mondiale, en rupture avec la société ; ils sont lus par un public restreint d'artistes et d'intellectuels sensibles à leur désir de révolution morale, sociale, artistique.

Modes de diffusion de la littérature

Ils créent leurs propres structures éditoriales, mais finiront par être diffusés par les grandes maisons d'édition. Ils s'expriment aussi à travers des tracts, des lettres ouvertes. La vie des revues est bouillonnante d'invention *(Dada, La Révolution Surréaliste, Minotaure, Le Surréalisme au Service de la Révolution...)*.
Influences : l'art nègre, les Futuristes italiens...
Ils ont des précurseurs immédiats (Apollinaire, Jarry), mais surtout ils réhabilitent et lisent différemment des auteurs comme Sade, les Romantiques, Nerval, Rimbaud, Lautréamont ; ils se sentent proches d'autre part d'écrivains contemporains comme Roussel et Saint-Pol Roux. Ils célèbrent les « fous » littéraires, les artistes « naïfs » ou singuliers (le facteur Cheval), des secteurs méprisés de la production littéraire (roman noir). D'autres influences, non littéraires, sont déterminantes : pensées sociales du XIXe s., psychanalyses de Freud et de Jung, vies « exemplaires » de personnages hors du commun (Jacques VACHÉ).

Tendances idéologiques

Dada est antibourgeois, antinationaliste. Les liens des Surréalistes avec la politique sont plus complexes. Leur désir de révolution explique leur attirance pour la révolution bolchévique de 1917 et ses suites, et beaucoup adhèrent temporairement au P.C.F. Une telle attitude les distingue du groupe du *Grand Jeu* (DAUMAL, GILBERT-LECOMTE), qu'ils jugent trop mystique. Mais leur passion pour la liberté et l'irrationnel les place devant des contradictions, sources de ruptures dans le groupe : certains le quittent, méprisant l'engagement politique (ARTAUD), ou parce qu'ils ne parviennent pas à lui imposer une ligne de pensée et d'action extérieure à lui (ARAGON, NAVILLE). D'autres ont à cœur de préserver une orthodoxie du mouvement dans ses contradictions mêmes (BRETON, PÉRET) ; ils tentent la synthèse du matérialisme et du mysticisme, et fixent la position politique et morale du Surréalisme au carrefour de l'anarchisme, des socialismes utopiques et du marxisme, résolument opposée à tous les fascismes et aux religions.

Tendances esthétiques

Contestation radicale de l'art et de ses langages. Dada (l'absurdité même de son nom) est provocateur, agressif, nihiliste. Le Surréalisme a foi dans l'amour fou, et en voulant marier révolte et révolution totale du psychisme humain, il entend faire de la poésie et du merveilleux un mode de connaissance du surréel, inaccessible par la seule raison. L'esthétique est valeur périmée : la poésie est mode d'être, l'art et l'écriture s'emploient à surmonter les contradictions de la condition humaine pour pénétrer dans la magie de l'univers. Ainsi le Surréalisme a-t-il rejoint, par certains de ses aspects, des traditions mystiques ou occultistes, et sa thématique (rêve, amour, érotisme, révolution...) a parfois été assimilée à une sensibilité néo-romantique.

Littérature, arts et savoirs

Mouvements internationaux, qui s'expriment dans toutes les branches artistiques : théâtre (ALBERT-BIROT, VITRAC, ARTAUD), peinture (Picabia, Ernst, Dali, Magritte), sculpture (Duchamp), photographie (Man Ray), cinéma (Buñuel). Attention portée à toutes les forces latentes du psychisme (psychanalyse, magie, etc.).

Principales formes littéraires

Tous les moyens sont mis en œuvre pour traduire ou faire jaillir la poésie de la rencontre et de l'irrationnel : collages, écriture automatique, jeux de langage, hypnotisme, humour, etc. Affirmation, chez les Surréalistes surtout, de la primauté de l'image, produit de rencontres aussi imprévisibles que possible pour placer le lecteur ou le spectateur dans un état d'émerveillement et de découverte. Rêve, folie, hasard, érotisme, sont les forces révélatrices de la poésie du surréel. On ne saurait confondre cependant cette *activité* des Surréalistes avec les textes qu'ils rédigent quand ils doivent exposer leurs thèses où ils retrouvent le cheminement de l'écriture rationnelle.

29

Littérature et engagements politiques

1930 - 1960

Les guerres accumulées (1914-1918, guerre d'Espagne, 1940, guerres coloniales), les marques de la crise mondiale de 1929, le Front Populaire, le développement des fascismes et du communisme, les profondes mutations sociologiques de la France après la Grande Guerre, tout cela semble interdire aux écrivains — du moins beaucoup le ressentent ainsi — de rester neutres : certains jugeant qu'un message social généreux ne suffit plus, placent alors leur œuvre dans la voie d'un engagement politique et d'une remise en cause des fonctions de la littérature. Les voies en sont multiples : Dada et le Surréalisme sont un cas particulier (v. p. 85); d'autres s'engagent physiquement dans l'action, et deviennent militants ou «compagnons de route» des partis (de droite ou de gauche); d'autres enfin produisent des œuvres où se mêlent littérature, philosophie et politique, pratiquant ainsi une «littérature engagée».* Ce tableau prend en compte les écrivains qui dans leurs œuvres, se rallient explicitement à une idéologie, ou encore la partie explicitement politique de leurs œuvres. De nombreux auteurs s'intéressent aux questions sociales mais ne défendent pas à proprement parler de thèse politique.*

1930 POULAILLE, *Nouvel Age littéraire* (id.).
1932 NIZAN, *Les chiens de garde* (id.).
1934 ARAGON, *Hourrah l'Oural!* (p.).
GUÉHENNO, *Journal d'un homme de quarante ans* (a.).
1934-1951 ARAGON, *Le Monde Réel* (r.).
1937 CÉLINE, *Bagatelles pour un massacre* (id.).
MALRAUX, *L'Espoir* (r.).
1938 BERNANOS, *Les Grands cimetières sous la lune* (id.).
1941 BRASILLACH, *Notre avant-guerre* (id.).
DRIEU LA ROCHELLE, *Notes pour comprendre le siècle* (id.).

1942 EMMANUEL, *Combats avec tes défenseurs* (p.).
REBATET, *Les Décombres* (a.).
1945 PÉRET, *Le Déshonneur des Poètes* (id.).
1945-1951 SARTRE, *Les Chemins de la liberté* (r.).
1947 CAMUS, *La Peste* (r.).
1948 SARTRE, *Les Mains sales* (th.).
1951 CAMUS, *L'Homme révolté* (id.).
1959 ELSA TRIOLET, *Roses à crédit* (r.).

---

* L'expression est de Sartre, mais cet auteur la restreint à une littérature qui s'engage à gauche.

Origine sociale des écrivains

Origines variées, mais les écrivains sentent qu'ils ont partie liée avec la société bourgeoise à laquelle le fait d'écrire les intègre, même s'ils sont d'origine modeste. Leur origine sociale compte souvent moins que leur appartenance à une famille politique déterminée, qui entraîne les passions ou haines dont ils sont l'objet. Cette situation particulière faite à l'écrivain est au centre d'ouvrages de réflexion ou de théorie : BENDA (*La trahison des clercs*, 1927), SARTRE (*Situations*, 1947-1965), GUÉHENNO (*Journal d'une révolution*, 1936-1939).

Modes de diffusion de la littérature

La presse politique se développe tant à droite (*L'Action française*, *Gringoire*, *Je suis partout*), qu'à gauche (*L'Humanité*, *Clarté*). La deuxième guerre mondiale et l'occupation entraînent la naissance dans la clandestinité de journaux et revues résistants (*Libération*, *Combat*, *Fontaine*, *Poésie 40*, *Revue Française*). Vercors, dans la Résistance, fonde les Éditions de Minuit. DRIEU fait collaborer le N.R.F. Les grandes maisons d'édition même lorsqu'elles se sont compromises avec l'occupant, sauront pour la plupart se réorganiser après la guerre. A la Libération, le Comité National des Écrivains jettera un discrédit durable sur les écrivains «de droite» et collaborateurs.

Tendances idéologiques

Le principe de la littérature engagée est de mettre les textes, au service d'une idéologie politique. D'où des prises de position en faveur : du communisme, qui fascine par le succès de la Révolution Russe et la personnalité de Staline, qu'une poignée d'intellectuels seulement dénonce comme un tyran et que d'autres célèbrent, comme BARBUSSE (*Staline*, 1935); mais aussi du royalisme et de *l'Action Française* de MAURRAS (BRASILLACH) ou de l'extrême-droite fasciste (REBATET, CÉLINE); du gaullisme après la guerre (MALRAUX, MAURIAC). L'union antinazie éclate peu de temps après la Libération; les événements intérieurs devant lesquels la presse prend parti (rôle de l'*Express* pendant la guerre d'Algérie p. ex.) ne suscitent plus guère alors de littérature à leur mesure. D'autres créateurs cherchent un engagement non inféodé aux courants politiques en place : GUILLOUX (*Le Sang Noir*, 1935); POULAILLE, promoteur de la «littérature prolétarienne»; les écrivains populistes. J. VILAR veut ouvrir le théâtre au public populaire (création du TNP en 1951).

Tendances esthétiques

Ces écrivains lient la littérature à son utilité sociale immédiate et usent, pour cela, essentiellement des diverses formes du réalisme. Ils sont amenés à expliciter le rôle de l'écrivain, représentant et moteur de l'histoire dans laquelle il ne peut rester neutre; ils constituent de la sorte la dernière génération des écrivains-maîtres à penser. Ils cherchent en outre à se situer par rapport à une «culture de classe»; le «réalisme socialiste», théorie officielle du P.C.F., refuse quant à lui les innovations littéraires, jugées bourgeoises et décadentes, et considère toute préoccupation proprement esthétique comme un luxe bourgeois.

Littérature, arts et savoirs

Une telle littérature entretient moins de rapports avec les arts qu'avec la pensée sociale des XIXe et XXe siècles. (PROUDHON, MARX, MAURRAS,...). Les Existentialistes, groupés autour de SARTRE (*L'Être et le Néant*, 1943), pratiquent surtout la philosophie (MERLEAU-PONTY) et les sciences sociales (interprétations d'Heidegger, de Husserl, du marxisme, etc.). Notons cependant que le cinéma, comme la littérature, peut prendre un rôle de propagande auprès du grand public (*La Marseillaise* de J. Renoir, p. ex., est tournée en 1937, avec le concours de la C.G.T.).

Principales formes littéraires

Genres dominants : le pamphlet, et le roman à thèse où la fiction et les personnages sont subordonnés à une démonstration. SARTRE utilise dans le même sens le théâtre. (Le théâtre politique de Brecht est découvert progressivement dans les années d'après-guerre.) On compte aussi de nombreux poètes résistants; ARAGON et ÉLUARD expriment leur patriotisme et leur foi dans la liberté dans des vers de facture classique pour l'essentiel, marqués cependant par leur passage dans le Surréalisme.

30 Culture de masse

1918 - 1960

Après la première guerre mondiale, la culture «populaire» subit des mutations profondes, au point de devenir progressivement une culture de masse et un produit de consommation.

Le renforcement du capitalisme détermine en effet la transformation de plus en plus nette de l'objet culturel en marchandise produite et diffusée par des sociétés commerciales de plus en plus concentrées (maisons d'édition, sociétés de distribution cinématographique, maisons de disques). Cette évolution conduit les entrepreneurs du marché culturel à adapter les produits aux besoins de publics bien délimités. Ce morcellement du public, en apparence contradictoire avec l'uniformisation des contenus culturels, est lié au changement rapide des mœurs, à l'affaiblissement de la cohésion sociale dû en particulier aux guerres et au passage d'une société surtout rurale à une société surtout urbaine. Parallèlement, les mass-media se développent et se diversifient, grâce aux innovations techniques : la T.S.F., le cinéma, le disque, viennent concurrencer les formes littéraires populaires écrites ou orales, susciter de nouvelles habitudes, de nouveaux comportements face aux textes. Par culture de masse, il faut donc entendre une culture produite en masse et *consommée* par les masses et non créée par elles, et qui ne vise d'aucune façon leur émancipation éthique ou politique.

a

1918-1940

● Pour les masses populaires urbaines, l'accès à la culture ne passe guère par la lecture et peu par l'École (jusqu'en 1936, la démocratisation de l'enseignement ne s'étend pas au Second Degré, et après cette date, elle y débute timidement), mais par les **media nouveaux,** en particulier la presse à gros tirages. La littérature de grande consommation est intégrée dans un ensemble où dominent l'image et le son. Sous l'influence américaine, le music-hall tend à supplanter les chanteurs de rue ou de cafés, le cinéma (dont la révolution du «parlant» en 1928 transforme le contenu artistique et culturel) et la radio, sont les moyens essentiels de diffusion culturelle dans l'entre-deux guerres. Ils créent des vedettes populaires auxquelles le public s'identifie fortement : acteurs (FERNANDEL, Jean GABIN) et chanteurs (comique troupier d'OUVRARD, populisme sentimental de DAMIA, PIAF, illustration de l'esprit «titi parisien» par MISTINGUETT ou Maurice CHEVALIER, chanteurs de charme comme Tino ROSSI, etc.). Prennent place également dans cette culture de masse les films de Carné et de Renoir, les romans d'évasion (P. BENOÎT) ou d'exotisme (CARCO), ou encore le «roman scout» de tendance fascisante.

● Le «**théâtre de boulevard**» prospère : certains auteurs, comme Sacha GUITRY, deviennent chers au cœur des classes moyennes et de la toute petite bourgeoisie, en prenant rang de figures parisiennes. M. PAGNOL illustre la comédie de mœurs avec des pièces qui donnent dans l' «exotisme» provincial marseillais (*Marius*, 1929; *Fanny*, 1931; *César*, 1946), et pratique autant le cinéma que la littérature.

● Les **bandes dessinées,** destinées plutôt à un public enfantin, font leur apparition dans des journaux ou sous forme d'albums. Les super-héros importés des U.S.A. (Tarzan, Superman, Mandrake, ou encore le *Journal de Mickey*), ne gênent pas l'éclosion de héros «à la française», qui illustrent une idéologie de l'astuce et de la débrouillardise : séries des *Pieds-Nickelés* (1908) et des *Bibi Fricotin* (1929) de FORTON; série des *Tintin* (1929) du Belge HERGÉ, etc.

b

De la Seconde Guerre mondiale à 1960

Les années qui suivent la seconde guerre mondiale voient l'installation définitive de la culture de masse, qui se caractérise par plusieurs phénomènes.

● Les **media** se développent de façon extraordinaire, et deviennent désormais les moyens de culture de toute la population : tandis que certains grands journaux acquièrent vite le rang d'institutions (*Le Monde, Le Figaro,...*), le public se porte surtout sur les gros tirages de *France-Soir* ou du *Parisien,* où l'analyse politique a moins de place que le sensationnel et le fait divers. Ce sont surtout les media audiovisuels qui connaissent une expansion rapide : cinéma, radio, disque.

● Au cours de la guerre, et surtout après la victoire alliée, le public français est mis en présence de deux types de productions littéraires et culturelles :

— L'**américanisation** se développe, dans la culture comme dans les mœurs : le jazz restera affaire d'intellectuels, mais les «comics» de la bande dessinée américaine, les westerns et les super-productions envahissent le marché français. On peut lire des traductions de romans d'espionnage et de science-fiction, et aussi des romans policiers, que Marcel DUHAMEL acclimate en France dans sa «Série Noire» dès 1945, influencée par le succès d'auteurs américains (Hammett), ou anglais (Agatha Christie).

— Cette américanisation concurrence sans la faire disparaître une **production française**. Une nouvelle génération de chanteurs apparaît néanmoins (TRENET, puis MOULOUDJI, Y. MONTAND,...); une forme de chanson poétique anarchisante est due à deux isolés : le poète PRÉVERT, connu avant la guerre, mais qu'interprètent à présent des chanteurs en vogue sur des musiques de Kosma, et l'auteur-compositeur-chanteur BRASSENS qui compose en même temps des chansons gaillardes. Le roman policier français connaît un grand essor avec des auteurs dont le succès sera considérable : SIMENON (*L'aîné des Ferchaux*, 1945), SIMONIN (*Touchez pas au grisbi*, 1953). Le cinéma adapte nombre de ces romans, mais se renouvelle peu dans son ensemble. Le théâtre de boulevard se poursuit (ROUSSIN) avec parfois des prétentions intellectuelles (ANOUILH).

Mais surtout deux domaines sont en plein essor :

— Dès la fin de la guerre, les frères Del Duca popularisent leur «**presse du cœur**» pour un public exclusivement féminin : aux feuilletons s'ajoutent les romans-photos, où le texte se construit autour de l'image. Cette presse hebdomadaire sera très vite tirée à des centaines de milliers ou des millions d'exemplaires (*Nous Deux* à partir de 1947,...)

— Les **bandes dessinées françaises** connaissent également un essor sans précédent et vont imposer, essentiellement à travers des publications destinées aux enfants, des séries centrées autour de héros. Ces publications (qui doivent tenir compte de la censure) sont tirées à des dizaines ou centaines de milliers d'exemplaires, et diffusent des séries qui deviennent des «classiques» de la culture populaire. Ainsi p. ex., le journal *Vaillant* lié à la presse communiste, où ARNAL donne *Pif le chien*; *Le Journal de Spirou* (1re édition française 1946), où paraissent entre autres *Gaston Lagaffe* (1957) de FRANQUIN, *Lucky Lucke* (1946) de MORRIS en collaboration avec GOSCINNY à partir de 1955 ; ou encore le *Journal de Tintin* (né en 1946), où s'illustrent les dessinateurs et scénaristes de l'École de Bruxelles (HERGÉ).

31 Multiplication des courants littéraires

1945 - 1960

Les années qui suivent la Seconde Guerre mondiale sont marquées, au plan politique et social, par une série d'inquiétudes et de désillusions qui viennent s'ajouter aux traumatismes des années 1939-1945. Les très grandes puissances (au rang desquelles la France ne peut plus se compter) se partagent le monde et l'atmosphère de «guerre froide» qui règne entre elles trouble les mentalités (d'autant plus que la menace atomique est une réalité depuis Hiroshima en 1945). En France même, les espoirs que beaucoup avaient mis dans le mouvement social et politique né de la Résistance ne se réalisent pas.

Dans les domaines littéraire et intellectuel, l'après-guerre opère une redistribution des valeurs et des célébrités. Ceux qui ont pris le parti de l'Allemagne sont mis à l'écart (ou ont été condamnés : BRASILLACH, CÉLINE), et ceux qui n'ont pas fait acte de Résistance ou se sont exilés durant l'occupation perdent également de leur prestige. En revanche, des écrivains-résistants (ARAGON, ÉLUARD, P. EMMANUEL) font figure de nouveaux «modèles». D'autre part et surtout, la littérature cherche une nouvelle définition d'elle-même (SARTRE reprendra la question : «Qu'est-ce que la littérature?» dans *Situations II*). De fait, les réponses et les attitudes s'orientent dans des voies si variées qu'on peut dire alors qu'il y a un éparpillement de la création littéraire.

Cette création, d'ailleurs, se renouvelle au total assez peu. Mis à part le «Nouveau Roman» et le «Nouveau Théâtre», mouvements d'ampleur limités, ce qui domine en fait, c'est l'éclectisme. La littérature reste définie comme l'apanage de l'élite avant tout, mais cette élite se découvre des tendances esthétiques peu compatibles entre elles.

a

Des innovations intégrées

Plusieurs mouvements ou courants nés avant-guerre se prolongent :

— *Le Surréalisme* pourrait n'être plus qu'un souvenir si quelques auteurs nouveaux n'en reprenaient les thèmes (dans le roman ou la nouvelle, p. ex. : J. GRACQ, *Le rivage des Syrtes*, 1951 ; A. PIEYRE DE MANDIARGUES). Il influence aussi, indirectement, les productions d'écrivains dont les préoccupations principales sont autres, comme PRÉVERT (v. p. 90) et B. VIAN .

— *L'engagement politique* (v. p. 86) continue à orienter les réflexions et attitudes de nombre d'auteurs, mais avec une modification importante : il n'est plus possible de se déclarer ouvertement favorable à l'extrême-droite, et il convient davantage de se situer dans la lignée de la Résistance. Tandis que SARTRE entretient avec les marxistes des relations tendues, MALRAUX s'éloigne des communistes pour poursuivre auprès du général de GAULLE son rêve d'héroïsme. Dans une perspective voisine MAURIAC commence une carrière de journaliste. R. VAILLAND témoigne de son engagement communiste dans *Beau Masque* (1954) p. ex., avant de quitter le PCF en 1956.

— Un *nouveau «classicisme»* se dessine. Si les aînés (GIDE, BERNANOS...) n'occupent plus le devant de la scène, un certain retour aux valeurs littéraires traditionnelles se perçoit dans l'œuvre de GIONO, où se marque une influence stendhalienne (*Le Hussard sur le toit*, 1951). De même parmi les poètes, on note le regain d'un lyrisme que le Surréalisme semblait avoir fait disparaître : CADOU, *Les Biens de ce monde*, 1951 ; ROUSSELOT. Il influence même des écrivains marqués par le Surréalisme (R. CHAR, *Fureur et Mystère*, 1948) ou par l'engagement anticolonialiste (CÉSAIRE, SENGHOR) et les anciens Surréalistes devenus adhérents du PCF et auréolés de leur gloire de résistants (ARAGON, ÉLUARD).

b

L'Existentialisme

Née de la philosophie sartrienne, l'existentialisme joue dans l'immédiat après-guerre un rôle considérable dans le développement des lettres françaises. Novateur dans sa vision du monde, ce mouvement ne suscite pourtant pas de poétique originale. Il est, de plus, divers dans les options personnelles des auteurs qui y participent. Sympathies marxistes et engagement politique chez SARTRE, engagement plus modéré et humanisme moderne pour CAMUS (v. p. 86). Simone de BEAUVOIR ouvre la voie à une réflexion sur la recherche de l'identité et de la liberté féminines (*Le Deuxième sexe*, 1949). Un peu en marge des affrontements d'idées entre existentialistes, marxistes et humanistes chrétiens, VIAN, superficiellement influencé par la pensée sartrienne et des éléments du surréalisme, résume l'état d'esprit d'une fraction de la jeunesse après-guerre (*L'écume des jours*, r., 1947) ; d'autre part, il popularise en France la bande dessinée américaine, la science-fiction, le jazz.

c

Réflexions sur l'art d'écrire

Quelques écrivains innovent de façon plus profonde dans leur manière d'écrire, en faisant porter leur effort principal non sur des questions idéologiques, mais sur le maniement du langage (même si leurs opinions sont favorables à telle ou telle attitude politique).

Le **Nouveau Roman,** né d'une réaction contre le roman réaliste et psychologique en vogue depuis le XIXᵉ s., tente de faire disparaître le personnage et la fiction traditionnels : Nathalie SARRAUTE (*Martereau,* 1953), BUTOR (*La Modification,* 1957), ROBBE-GRILLET (*La Jalousie,* 1957), C. SIMON (Prix Nobel de littérature 1985), PINGET, OLLIER...

● Un **Nouveau Théâtre** se développe, où le jeu d'un langage dérisoire exprime une vision désespérée, tragique et burlesque à la fois, du monde moderne. Il est représenté au premier chef par BECKETT (*En attendant Godot,* 1953). Certains aspects de cette attitude se retrouvent dans des pièces qui mettent en relief l'**absurde** du langage et des habitudes : IONESCO (*La cantatrice chauve,* 1950), ADAMOV, AUDIBERTI (*L'Effet Glapion,* 1959), OBALDIA.

En marge du « Nouveau théâtre », la scène peut être aussi le lieu d'expression d'une révolte contre tous les visages de l'ordre établi, comme dans l'œuvre de GENET (not. *Les Bonnes,* 1947).

● **L'interrogation sur le fait poétique** est le trait commun des écrivains chez qui la passion du jeu avec les mots s'allie à une exploration de l'imaginaire ou une recherche existentielle. Certains étaient déjà connus avant-guerre, mais publient alors des œuvres particulièrement significatives : PONGE (*Le Parti pris des choses,* pp., 1942), QUENEAU (*Exercices de style,* 1947), MICHAUX (*Misérable miracle,* rec., 1955). La réflexion sur l'écriture va quelquefois jusqu'à l'angoisse née du désir de création littéraire (M. BLANCHOT, *Le livre à venir,* id., 1959), angoisse devant la vie (BATAILLE, *La littérature et le mal,* id., 1957 ; BOUSQUET, *Le meneur de Lune,* p., 1946) ou même la parole (FORÊTS, *Le bavard,* 1946).

d

Continuité du réalisme

Les efforts d'innovation ne sont pas le fait de la grande majorité des écrivains et des critiques. L'après-guerre voit, en effet, fleurir en abondance des romans qui, sans s'inscrire dans un courant précis, séduisent un vaste public avec les procédés et les thèmes éprouvés depuis le siècle précédent. Ils visent avant tout à « bien raconter », et ne s'écartent jamais beaucoup des données de base du réalisme, même si certains auteurs (Marguerite YOURCENAR, *Mémoires d'Hadrien,* 1951 ; AYMÉ, NI-

MIER,...) affirment un style et un ton personnels. On utilise là les techniques traditionnelles, en peignant des cercles familiaux (H. BAZIN, *Vipère au poing,* 1948) ou des fresques historiques (M. DRUON, *Les Rois Maudits,* 1955-1960). L'originalité peut venir parfois de l'expérience vécue de l'auteur (CENDRARS, *Bourlinguer,* 1948). En fait, il s'agit d'une littérature «moyenne», facilement accessible à tout public ayant quelque culture. Elle assure de gros tirages, avec des «best-sellers» de qualité médiocre (*Caroline chérie,* 1947, de Cécil SAINT-LAURENT). C'est dans ce registre romanesque que se situent les ouvrages qui obtiennent les prix littéraires, et dont les lancements sont orchestrés de façon commerciale, avec au besoin fabrication de «phénomènes» ou «prodiges» littéraires (SAGAN, Minou DROUET).

Malgré la véhémence des attaques de certains essayistes (SARTRE et sa revue des *Temps Modernes,* PAULHAN, ETIEMBLE, la revue *Esprit* de MOUNIER,...), la masse de la production reste marquée par un réalisme dont la rénovation est superficielle.

32 Culture et littérature en question

1960 - 1989

Les années 1960-1983 connaissent un foisonnement extraordinaire dans le domaine de la publication d'ouvrages, sans se caractériser toutefois comme une période de grande inventivité littéraire. Tous les courants ou esthétiques s'y trouvent représentés, souvent abondamment. Mais ce qui frappe, c'est le clivage entre :

– La diffusion des «classiques» de la littérature (du Moyen Age à la deuxième guerre mondiale) dont se chargent plus particulièrement l'Université et l'édition qui vise un public «cultivé». Les manuels scolaires à l'usage des lycéens remplissent également cette fonction.

– Une avant-garde qui prétend représenter la littérature d'aujourd'hui et que lit un public restreint d'intellectuels.

— Les gros bataillons de la littérature pour classes moyennes qui usent de poétiques et d'esthétiques éprouvées depuis le XIXe s. (essentiellement le réalisme).

— Une «paralittérature» abondante, diverse et inégale, mais très fréquentée, notamment par les jeunes générations.

Entre les deux premières catégories qui se *veulent* Littérature, et les deux dernières *réellement consommées* par le plus grand public, les liens sont presque nuls, et chacune a son développement autonome, tant sur le plan de la création que d'un point de vue commercial. Cependant tout lecteur un peu actif expérimente constamment, quoique en proportions variables, ces différents genres de livres : la lecture elle-même change.

a

Place de la littérature dans un monde en crise

● **Incertitudes idéologiques**

Une série de secousses politiques intérieures (indépendance de l'Algérie, révolte étudiante et ouvrière de mai-juin 1968,...) et internationales (guerres du Vietnam, Révolution culturelle chinoise, crises du Chili, d'Argentine, de Tchécoslovaquie, d'Afghanistan, crise économique, etc.) font se succéder les situations conflictuelles. Si des idéaux généreux suscitent des mouvements de masse, ils sont suivis de rudes désillusions.

● **Mutations des publics**

L'essor démographique d'après-guerre fait apparaître, dès la fin des années 1950, un *public nouveau :* une «classe» *d'adolescents* à qui la croissance économique permet de disposer de quelques moyens financiers, et la démocratisation de l'enseignement secondaire d'une certaine formation culturelle. Sans toujours en avoir une nette conscience, ces adolescents adoptent en masse les mœurs culturelles américaines, ou plus largement anglo-saxonnes. Ils se tournent d'ailleurs de préférence vers la musique ; ils y trouvent l'écho de leurs interrogations et de leurs désirs. Des courants musicaux se chargent alors d'exprimer de nouvelles façons de vivre, de sentir et de penser (rock, reggae, disco, punk, funky, new wave...). Aussi éprouvent-ils parfois un sentiment d'étrangeté lorsqu'ils sont mis en présence de textes français et «littéraires», tant modernes qu'anciens d'ailleurs.

Au moment même où elle se démocratise largement, *l'École* ne diffuse *plus de doctrine homogène.* Crise grave : le public nombreux et largement populaire qui dispose désormais d'un potentiel appréciable d'informations, se trouve soumis à ce qu'imposent dans les media les plus gros budgets, à l'opposé d'un projet éducatif ou culturel émancipateur. L'enseignement des lettres, de l'histoire et de la philosophie ont perdu une part de leur prestige, celui des arts reste proche de zéro. Se pose alors aux éducateurs la question cruciale de redéfinir la culture, sa place, et son bon usage dans l'enseignement. Au même instant, dans le monde, la langue française recule, tandis que l'anglais déformé s'étend.

● **Édition et media**

— On imprime chaque année une *masse énorme* de textes : 300 millions de livres vendus par an en France (dont 130 millions dits de «littérature»); la presse représente un flot de papier. On dit souvent que la lecture se perd : il est plus juste de constater qu'elle a changé, et qu'elle entre dans des rapports nouveaux avec l'audiovisuel et l'informatique.

— Les rapports entre la littérature et les media sont complexes. Les media (dont le plus neuf, la télévision, s'est répandu très vite) permettent à l'information littéraire de circuler : tant dans les rubriques des journaux et hebdomadaires, que dans les revues spécialisées (*Le Magazine littéraire, les Nouvelles littéraires, La Quinzaine littéraire...*), ou dans des émissions radio-diffusées («Le Masque et la Plume») ou télévisées («Apostrophes»). Le marché du livre et des revues constitue l'enjeu d'intérêts importants. D'où une tendance croissante à la concentration des entreprises, au profit par exemple du groupe Hachette. Les livres au format de poche moins chers, les gros tirages, les tentatives de grandes entreprises de librairie (comme la FNAC) ou l'emprise des banques sur l'édition bouleversent ses pratiques, rendent le livre plus accessible, mais privilégient les séries à grosse diffusion, au détriment d'une «littérature» plus difficile. Les media accentuent les phénomènes de vedettariat; par la publicité, le livre devient un objet de consommation. Plus largement, les media se font les supports des textes : adaptation de livres pour la radio, la télé, le cinéma; diffusion massive des textes de chansons de toute sorte. Le texte y gagne en auditoire, mais y perd sa spécificité d'écrit. Au point que la notion de «littérature» devient plus problématique que jamais.

b

Pérennités et survies

Tous les mouvements nés dans les générations précédentes se poursuivent.

• Certaines **institutions** se maintiennent, parfois avec difficulté :

— L'Académie française (qui aborde sans faiblir la lettre E de son dictionnaire) garde du prestige aux yeux des traditionnalistes, et paraît dérisoire aux autres.

— L'École, qui connaît bien des secousses cherche, non sans mal, les moyens de concilier la modernité avec la tradition des études classiques.

• Certains écrivains ont pris rang de **patriarches** et de modèles dès leur vivant. Ils ont publié des œuvres où ils s'interrogent sur eux-mêmes, sur l'histoire et son sens : SARTRE, *Les Mots*, 1964 ; ARAGON, *La Mise à mort*, 1965 ; MALRAUX, *Antimémoires*, 1968-1973.

• Les **innovations** de l'après-guerre **se prolongent** avec des modifications mineures, dans le Nouveau Roman ou le Nouveau Théâtre.

Leurs retombées sont cependant plus importantes dans la recherche poétique, autour notamment de QUENEAU qui fonde l'OULIPO (Ouvroir de Littérature Potentielle) qui regroupe des romanciers (PEREC), des mathématiciens ou des poètes, amateurs les uns et les autres de jeux avec le langage. La poésie jouit d'une diffusion restreinte, mais compte des auteurs reconnus : CAYROL, DEGUY, GUILLEVIC, ROUBAUD, REDA...

• Les **romanciers** continuent à tenir le haut du pavé. Les classes moyennes assurent un succès considérable aux récits «où on se reconnaît», écrits selon les factures traditionnelles et dans une langue accessible. La critique, les media, les Prix littéraires, institutions solides, orchestrent le lancement de ces ouvrages. Certains n'ont qu'un succès éphémère de best-seller (CHARRIÈRE, *Papillon*, 1969 ; CORDELIER, *La Dérobade*, 1976, 750 000 ex.); d'autres mènent une carrière régulière (LANOUX, SABATIER, B. CLAVEL, NOURISSIER, TROYAT, MERLE...). D'autres enfin, qui accèdent parfois tard à la notoriété, séduisent les amateurs d'une écriture soignée, qui refuse le romanesque facile aussi bien que la littérature de laboratoire (TOURNIER, *Vendredi ou les limbes du Pacifique*, 1964 ; YOURCENAR ; MODIANO ; redécouverte de MORAND). La nouvelle jouit d'un regain d'intérêt (BOULANGER...).

● **La littérature de masse** vit de l'exploitation systématique de procédés éculés : les séries de DELLY (inaugurées en 1908) se vendent bien, la production de Guy DES CARS ou celle des romans policiers (p. ex. série des *S.A.S.* qui développe les stéréotypes du sexe et de la violence) poursuivent leur carrière, parfois sur le plan international (collection canadienne de romans-roses *Harlequin*). La presse à sensation et le roman-photo font toujours recette. Le feuilleton télévisé (qui adapte volontiers des feuilletons du XIXe s. ou des romans réalistes, en les édulcorant) prospère ; à travers des titres d'émissions variables, la télévision diffuse régulièrement des spectacles qui empruntent à la tradition de la comédie de boulevard, qui fait aussi les beaux jours de nombre de salles de spectacle parisiennes.

C

Éléments d'évolution

Il serait faux de parler, cependant, de stagnation. Des phénomènes neufs modifient le fait littéraire.

● **L'expansion des media** atteint une ampleur inégalée. Dans le **flot de textes** qu'ils déversent sur le public, s'il est vrai que les stéréotypes dominent largement (not. dans la chanson de «variétés»), quelques auteurs introduisent des productions qui utilisent un tel canal pour offrir au public populaire :
— Les plaisirs de la chanson à texte (BREL, BARBARA, FERRÉ,...).
— Les joies du jeu avec les mots : chansons de Bobby LAPOINTE, sketches de DEVOS, romans policiers parodiques (série des *San Antonio* de Frédéric DARD)...
— Des bandes dessinées qui rompent avec la tradition de la presse pour enfants et proposent soit des fantaisies sur le genre même de la bande dessinée (l'hebdomadaire *Pilote*), soit des séries plus agressives, qui n'ignorent pas les questions politiques et sociales, ou encore l'érotisme (albums de REISER ou de Claire BRETÉCHER,...). En outre, une nouvelle presse indépendante et irrévérencieuse se propose à un public d'adolescents ou de jeunes adultes : *Hara-Kiri, Charlie, Actuel,* etc.

● **La littérature prend en compte les «problèmes» du temps** présent dans :

— des romans de facture classique, qui abordent des questions contemporaines : le racisme et la situation des immigrés (Claire ETCHERELLI, *Élise ou la vraie vie,* 1967), les jeunes en milieu ouvrier (Christiane ROCHEFORT, *Les Petits enfants du siècle,* 1961) et qui touchent un large public ;

— des ouvrages où, au-delà des réflexions amorcées par S. de Beauvoir (v. p. 92) et des féministes, des femmes affirment la revendication d'une identité et d'une écriture de la «différence féminine», en empruntant souvent aux apports de la psychanalyse (Hélène CIXOUS, p. ex., et plus généralement Les Éditions des Femmes).

— des textes qui se présentent comme des itinéraires, où se mêlent la quête d'un sens de la vie, la réflexion sur l'écriture et la modernité, en préférant souvent l'écriture fragmentaire au récit linéaire : LE CLÉZIO, *Le Procès-verbal* (R.), 1966 ; Marguerite DURAS, *L'Amante anglaise*, 1967 ; GUYOTAT, *Eden Eden Eden*, 1970 ; DUVERT, *Journal d'un innocent*, 1976 ; BARTHES, *Fragments d'un discours amoureux*, 1977.

— Le renouveau des langues et littératures régionales, à travers la chanson (MARTI pour l'Occitan, STIVELL pour le Breton...), ou le récit (BODON, *La Quimera*, 1974, en occitan).

— Des essais, qui sont souvent des bestsellers, à sujets directement politiques, écrits par des hommes en place (GISCARD D'ESTAING, *Démocratie française*, 1976 ; F. MITTERRAND, *La Paille et le grain*, 1975, etc.), ou des «documents» qui font acte d'accusation (*Dossiers B. comme Barbouzes*, etc.).

● Les **Sciences Humaines** et la **critique de recherche** fournissent les auteurs qui ont pris rang de maîtres à penser pour les intellectuels des années 70-80 :

— Philosophes, sociologues, anthropologues, élaborent, dans et autour de l'université, des théories à partir d'une relecture des œuvres de Marx, Freud, Nietzsche (LACAN, DELEUZE et GUATTARI, ALTHUSSER) ou explorent d'autres voies (LÉVI-STRAUSS, FOUCAULT, BOURDIEU).

— La *théorie* et la *critique* littéraires se sont développées. Des systèmes critiques nombreux et diversifiés (regroupés sous le terme flou de structuralisme) ont été élaborés autour des structures fondamentales des textes. Ils empruntent à la psychanalyse, la sociologie, et surtout à la linguistique, dans la lignée de Saussure (*Cours de linguistique générale*, 1915), et à la sémiologie. Dans le même mouvement, la Poétique et la Rhétorique sont à nouveau appréhendées comme des disciplines-clefs en matière littéraire. Certains de ces critiques atteignent à une notoriété importante (BARTHES, GENETTE, Julia KRISTEVA...), et des écrivains s'efforcent de lier réflexion

théorique et création (SOLLERS et le groupe de la revue *Tel Quel*).

— La critique manifeste aussi une belle vitalité dans la *découverte* d'auteurs étrangers modernes ou contemporains (l'Allemand Günter Grass, le Cubain Alejo Carpentier, l'Argentin Borges, le Russe Soljenitsyne, etc.), et dans la *redécouverte*, la relecture et la réédition d'œuvres, d'auteurs ou d'écoles de jadis, réputés mineurs ou devenus introuvables (littérature médiévale, Sade, les romantiques «noirs», les décadents de la fin du XIXe s., les auteurs de l'entre-deux guerres, etc.).

● Le **théâtre** connaît une intense activité. A côté de la routine boulevardière (prospère), deux ordonnances neuves se dégagent :

— Recherche d'une nouvelle utilisation de l'espace scénique et de nouvelles conditions de créations (troupe américaine du *Living Theater* ; troupe du *Théâtre du Soleil* ; dramaturge comme GATTI, *V. comme Vietnam*, 1967), etc.

— Effort de relecture et de mise en scène novatrice des pièces classiques par des metteurs en scène qui organisent leurs conception et interprétation des œuvres du répertoire traditionnel, not. : CHÉREAU, VITEZ, et surtout PLANCHON (*Bérénice*, 1966 et 1970 ; *Tartuffe*, 1976).

● **La recherche du passé**, et donc *les genres historiques*, connaissent un net renouveau à la fin des années 70.

— Les *souvenirs* et *autobiographies* de toutes sortes prolifèrent, évoquant volontiers la France rurale ou artisanale disparue (*Le Cheval d'orgueil*, de P. J. HÉLIAS, 1975), ou les «belles années» de jadis ou naguère, dans le même mouvement que les modes «rétro» qui se tournent vers la première moitié de ce siècle. Ce mouvement de *nostalgie est parfois frelaté*, parfois manipulé par des éditeurs qui y trouvent l'occasion de gros tirages, mais il marque de la part d'un vaste public le désir de se donner des «racines».

— Les *ouvrages historiques* proprement dits bénéficient d'un même engouement. Si l'histoire des grands hommes, des complots et des batailles est toujours bien accueillie, elle doit aussi faire place sur le marché à des ouvrages émanant de spécialistes de la «nouvelle histoire», qui étudient les données sociales ou économiques sur la longue durée (DUMÉZIL, BRAUDEL, DUBY, LEROY-LADURIE). Films, romans, revues historiques connaissent aussi le succès.

d

Et maintenant?

C'est à un «décentrage» général qu'on assiste aujourd'hui. Depuis 25 ans, la vie culturelle s'est résolument placée sous le signe de la marchandise et de la publicité, comme l'a analysé G. DEBORD dans *La Société du Spectacle* en 1967. Mais des changements plus profonds encore sont en gestation dans les mentalités. Changements perceptibles d'abord dans la formation du consommateur culturel : les enfants et adolescents d'aujourd'hui se meuvent dans une littérature et une presse qui leur sont spécialement destinées, et avant tout dans l'univers des images. Celles-ci sont devenues, à travers la télévision, la bande dessinée et la vidéo, un aspect déterminant de leur formation dans, et beaucoup plus encore : hors de l'école. Dans le public cultivé adulte, on constate également une nette évolution : depuis la fin des années 70, les sciences humaines, la linguistique et les avant-garde formalisantes ne sont plus dans une phase de conquête. Les changements dans la vie culturelle semblent même s'accélérer. Citons : le développement sans précédent de l'audiovisuel et de l'informatique, de nouvelles modalités d'accès à la culture (magnétoscopes, Centre Beaubourg), le recul de l'influence marxiste et même de la pensée proprement politique chez les intellectuels, l'émergence de formes neuves de l'individualisme perceptibles dans les loisirs, le vêtement, l'alimentation, l'attention portée au corps, la défense des «différences» (régionales, sexuelles...). Il est trop tôt pour analyser en profondeur cette civilisation «post-moderne», même si des ouvrages comme *Les Stratégies fatales* (1983) de J. BAUDRILLARD en proposent des éléments d'interprétation; le phénomène, d'autre part, n'affecte pas de façon égale les différentes couches sociales, et il est davantage perceptible à Paris et dans les grandes villes qu'en province. Mais il s'agit à l'évidence d'une *crise* réelle. Les efforts pour être distingué sur le plan culturel, tels que les envisage P. BOURDIEU dans *La Distinction* (1979) s'en trouvent plus complexes et incertains. En même temps, dès leur arrivée au pouvoir en 1981, les Socialistes avaient fait figurer parmi les objectifs officiels de la politique culturelle, la lutte contre l'illettrisme, le développement des bibliothèques, le prix unique des livres, la mise en valeur du «temps libre», etc.

Dans un tel contexte, la vie littéraire cherche des points d'ancrage dans des manifestations dont les media rendent compte et que le grand public perçoit ainsi comme autant de rituels : festival d'Avignon, distribution annuelle des prix littéraires, foire du Livre de Nice, salon du Livre à Paris, festival de la Bande Dessinée à Angoulême... Dans le même mouvement, sont proposées à ce large public des productions à la fois diversifiées et attractives : «retour du romanesque» dans les écrits de fiction, multiplication des essais et ouvrages de vulgarisation, diffusion d'auteurs étrangers et francophones... On assiste à des mutations brusques dans l'appréciation que le public porte sur tel auteur : ainsi *l'Amant* de M. DURAS, tiré initialement à 25 000 exemplaires, prix Goncourt 1984 (espérance de vente : 200 000) avait dépassé en 18 mois les 1 500 000 exemplaires et a été traduit en vingt langues.

L'instabilité générale met en jeu des mutations dans les démarches de pensée. La «révolution culturelle» qui était un thème des années 60, contestait essentiellement les contenus de la culture. Dans les années 80, où la formule n'est plus employée, s'engage assurément une révolution d'une tout autre envergure dans les *attitudes* culturelles. A cet égard, les modes et les formes de la lecture, appliquée aux textes verbaux ou à n'importe quel ensemble de signes, constituent un enjeu capital : la question n'est plus tant de savoir ce qu'il est bon ou légitime de lire, mais *par qui* et *comment* s'effectuent les lectures. Or, paradoxalement, cette question a été peu posée, et l'histoire des lectures reste à faire : elle ouvre un immense terrain d'investigation pour la recherche, la didactique et les pratiques en matière de lecture aujourd'hui.

Index des auteurs cités

Les chiffres renvoient aux numéros de chapitres

Index des principales notions citées

Les chiffres renvoient aux chapitres. Ne sont
répertoriées que les notions d'histoire et d'histoire littéraire.

Orientation bibliographique pratique

Sans recenser les ouvrages qui ont servi à l'élaboration de ce *Précis,* il s'agit ici d'indiquer au lecteur quelques moyens pratiques de prolonger sa documentation : chaque rubrique mentionne des *orientations* pour trouver des informations plus détaillées ou pour élaborer la problématique des divers courants ou périodes; nos choix relèvent donc de critères pédagogiques.

I. Pour lire

Le contact direct avec les textes est toujours l'essentiel, et la fréquentation des livres, des libraires, des bibliothèques en est le seul moyen. Certaines collections offrent des éditions pratiques, rendant des services différents.

Parmi les **collections de poche,** de prix abordable :

– la série du «Livre de Poche», à côté de ses ouvrages non annotés, développe un «Poche-classiques», avec introduction et notes;

– la coll. «GF», presque entièrement consacrée aux auteurs reconnus est bien documentée, introduction. et dossiers très fiables;

– la coll. «Folio», moins annotée, vient de lancer une nouvelle série avec dossiers et iconographie;

– la coll. «Presses Pockett», à côté de ses ouvrages non annotés, développe une série «Lire et voir les classiques» avec introduction, dossiers abondants et iconographie.

Parmi les **collections de «bibliothèques»** :

– les «Classiques Garnier» donnent les œuvres complètes des principaux auteurs, avec (surtout dans leur série nouvelle) une bonne documentation;

– la «Bibliothèque de la Pléiade» adjoint aux textes une documentation érudite (surtout, là encore, dans la série nouvelle);

– la coll. «L'Intégrale» (Seuil), avec peu de documentation, fournit des textes bien établis.

II. Ouvrages de référence

1. Dictionnaires

● Les plus pratiques :

– *Dictionnaire universel des noms propres,* dit «Robert 2», 4 vol., Paris, 1974.

– *Dictionnaire universel des noms propres,* dit «Petit Robert 2», 1 vol., Paris, 1974.

– *Dictionnaire des auteurs de langue française,* de JOURDAIN et FAVRE, 1 vol., Paris, Garnier, 1979.

- Plus spécialisés :
- *Dictionnaire biographique des auteurs,* 2 vol., Paris, 1957. ⎱
- *Dictionnaire des œuvres,* 4 vol., Paris, 1952-1957.   ⎰   tous trois
- *Dictionnaire des personnages littéraires,* Paris, 1970. ⎰   par LAFFONT et BOMPIANI
Les deux premiers ont été réédités dans la coll. «Bouquins» (Robert Laffont).
- *Dictionnaire des Lettres françaises,* par GRENTE et PAUPHILET, 6 vol., Paris, 1939-1972.
- *Dictionnaire des Littératures de langue française,* Bordas, 1984.
- *Dictionnaire des Littératures,* 2 vol., Paris, Larousse, 1985-1986.

- A signaler aussi : – articles de l'*Encyclopédia Universalis;*

2. Histoires de la littérature

- *Histoire de la Littérature française,* sous la direction de J. ROGER et CH. PAYEN, 2 vol., Paris, coll. «U», Armand Colin, 1969-1970.
- *Littérature française,* sous la direction de CL. PICHOIS, 17 vol., Paris, Arthaud, 1948-1978.
- *Histoire littéraire de la France,* sous la direction de P. ABRAHAM et R. DESNÉ, 12 vol., Paris, Éditions Sociales, 1974-1980.
- *Histoire de l'édition française,* 3 tomes, éd. Promodis, 1982-1986.
- «L'Histoire littéraire aujourd'hui», coll. publiée par R. FAYOLLE et H. BÉHAR, Armand Colin, 1990.
- Clément MOISAN, *Qu'est-ce que l'histoire littéraire?* P.U.F., 1987.

3. Le métier d'écrivain et la notion de littérature

- A. VIALA, *La Naissance de l'Écrivain,* Éd. de Minuit, 1985.
- P. BÉNICHOU, *Le Sacre de l'Écrivain,* Gallimard, 1977.
- J. DUBOIS, *L'institution de la littérature,* Paris-Bruxelles, Nathan-Labor, 1978.

III. Histoire des principaux genres

Les genres littéraires majeurs ont, pour la plupart, fait l'objet de bonnes synthèses. Cependant, tandis qu'elles abondent pour certains, des lacunes subsistent pour d'autres.

Autobiographie : P. LEJEUNE, *L'autobiographie en France,* coll. «U2», Armand Colin, 1971.

                 G. MAY, *L'autobiographie,* coll. «Sup», P.U.F., 1979.

Comédie :   P. VOLTZ, *La comédie,* coll. «U», Armand Colin, 1964.

Critique :   R. FAYOLLE, *La critique,* coll. «U», Armand Colin, 1978.

Drame :   M. LIOURE, *Le drame,* coll. «U», Armand Colin, 1963.

Nouvelle :   R. GODENNE, *La nouvelle française,* coll. «Sup», P.U.F., 1974.

Poésie :   J. C. PAYEN et J. P. CHAUVEAU, *La poésie, des origines à 1715,* coll. «U», Armand Colin, 1968.

                 H. LEMAITRE, *La poésie depuis Baudelaire,* coll. «U», Armand Colin, 1969.

Roman :   H. COULET, *Le roman jusqu'à la Révolution,* coll. «U», Armand Colin, 1967.

                 M. RAIMOND, *Le roman depuis la Révolution,* coll. «U», Armand Colin, 1967.

                 C. E. MAGNY, *Histoire du roman français depuis 1918,* Seuil, 1956.

                 L. VERSINI, *Le roman épistolaire,* P.U.F., 1979.

Théâtre :   *Le théâtre,* sous la direction de D. COUTY et A. REY, Bordas, 1980.

Tragédie :   J. MOREL, *La tragédie,* coll. «U», Armand Colin, 1964.

IV. Histoire des courants et périodes

1. Il est primordial de connaître les **contextes historiques,** donc de consulter des ouvrages touchant à la chronologie des faits, mais aussi à l'histoire des sociétés et des mentalités.

En matière proprement littéraire, les ouvrages existants sont très inégaux. On pourra d'abord consulter, pour se familiariser avec les questions touchant au rôle social de la littérature :

R. ESCARPIT, *Sociologie de la littérature,* coll. «Que sais-je?», P.U.F., 1958.

2. Pour les **grandes périodes,** deux séries de petits livres commodes, mais de qualité variable :

• Série des «Que sais-je?» P.U.F., classés soit par périodes (la littérature française du Moyen Âge,...) soit par mouvements littéraires;

➡ • Série des *Introduction à la vie littéraire* (du Moyen Âge, du XVIᵉ s., etc.) chez Bordas.

3. Pour des études plus approfondies, il est bon de consulter quelques synthèses déjà anciennes, parfois contestées, mais qui permettent de saisir les **types de questions** que soulève chaque période. Ces ouvrages suscitent la réflexion et combattent aussi la parcellisation du savoir entretenue par les programmes scolaires et universitaires. Citons notamment :

J. HUIZINGA, *Le Déclin du Moyen Age,* Payot, 1967.

H. WEBER, *La Création poétique au XVIᵉ s.,* Nizet, 1956.

➡ P. BÉNICHOU, *Morales du Grand Siècle,* Gallimard, 1948; rééd. coll. «Idées».

R. MAUZI, *L'Idée de bonheur au XVIIIᵉ s.,* Armand Colin, 1960.

A. BEGUIN, *L'Âme romantique et le rêve,* Corti, 1946.

Il n'existe pas de synthèse comparable pour le XXᵉ s.; on se reportera à :

J. BERSANI, M. AUTRAND, J. LECARME, B. VERCIER, *La Littérature en France depuis 1945,* chez Bordas, nouvelle éd. 1980.

J. LECARME et B. VERCIER, *La Littérature en France depuis 1968,* Bordas, 1983.

4. Pour des études plus spécialisées, il y a abondance d'ouvrages concernant les **écoles et mouvements.** Nous n'indiquons que quelques exemples (choix discutable, certes) mais stimulants, même si certains sont de lecture difficile. Par ordre chronologique :

P. ZUMTHOR, *Essai de poétique médiévale,* Seuil, 1972.

C. G. DUBOIS, *Le Baroque, profondeurs de l'apparence,* Larousse, 1973.

G. BOLLÈME, *La Bibliothèque bleue,* coll. «Archives», Julliard, 1971.

M. SORIANO, *Les Contes de Perrault. Culture savante et traditions populaires,* Gallimard, 1968, rééd. 1977.

P. HAZARD, *La Crise de la conscience européenne,* Boivin, 1935, rééd. coll. «Idées».

J. CHOUILLET, *L'Esthétique des Lumières,* coll. «Sup», P.U.F., 1974.

J. P. RICHARD, *Études sur le romantisme,* Seuil, 1971.

M. RAYMOND, *De Baudelaire au Surréalisme,* Corti, 1940.

M. NADEAU, *Histoire du Surréalisme,* coll. «Points», Seuil, 1964.

Il convient de se reporter aussi à la rubrique «Histoire des genres». En ce qui concerne les **auteurs,** la bibliographie est pléthorique. Signalons pour leur commodité, sinon pour la valeur de certaines études, la série des «Écrivains par eux-mêmes» au Seuil; celle des «Poètes d'aujourd'hui» chez Seghers, celle des «Pour une bibliothèque idéale» chez Gallimard.

Imprimé en France
MAME Imprimeurs, Tours
Dépôt légal : 27753. - Janvier 1992